供应链战略与运营探究

陈玲玲　王艺岚◎著

中国商业出版社

图书在版编目（CIP）数据

供应链战略与运营探究/陈玲玲，王艺岚著. -- 北京：中国商业出版社，2023.12
ISBN 978-7-5208-2817-8

Ⅰ.①供… Ⅱ.①陈… ②王… Ⅲ.①供应链管理—研究 Ⅳ.① F252

中国国家版本馆 CIP 数据核字（2023）第 246693 号

责任编辑：滕 耘

中国商业出版社出版发行
（www.zgsycb.com　100053　北京广安门内报国寺1号）
总编室：010-63180647　编辑室：010-83118925
发行部：010-83120835/8286
新华书店经销
济南圣德宝印业有限公司印刷

*

710毫米×1000毫米　16开　7.5印张　130千字
2023年12月第1版　2023年12月第1次印刷
定价：60.00元

****

（如有印装质量问题可更换）

前　言

供应链是指加工生产零部件、做成中间产品或者最终产品以及最后送到消费者手上这一整个过程当中所有涉及的供应商、制造商、分销商和消费者通过链接组成的网链结构。供应链管理则是一种把供应商、制造商和分销商组织在一起进行产品的制作、运输、销售，以使得整个供应链系统成本为最小的管理方法。因此，供应链战略与运营的作用是至关重要的。本书主要就供应链战略与运营这两个方面进行了缜密的论述与分析，并且论述了供应链战略与运营管理之间的关系，致力于为从事现代供应链管理工作的人员提供理论支持。

本书内容共分为五章。第一章是对供应链与供应链管理的相关内容的概述，第二章是对现代供应链管理战略的相关内容的论述，第三章是对供应链运营管理的具体论述，第四章是对供应链流程管理的详细叙述，第五章是对供应链运营管理创新的研究。

本书在编写过程中，参考、查阅和整理了大量文献资料，在此对学界前辈、同人致以衷心的感谢。由于作者学术水平有限，编写时间较为仓促，书中难免存在不足之处，敬请广大读者批评、指正！

作　者

2023 年 9 月

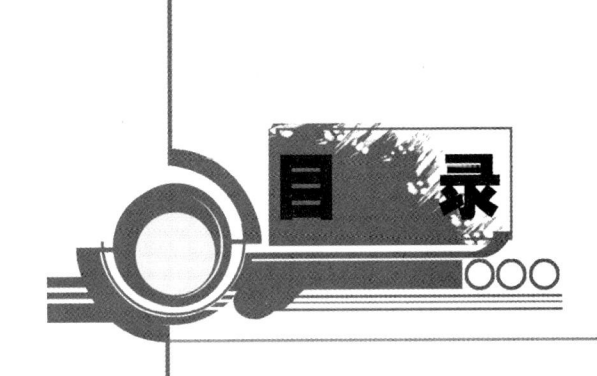

第一章	供应链与供应链管理	1
第一节	供应链概述	1
第二节	供应链的设计策略和原则	5
第三节	供应链管理概述	10
第二章	现代供应链管理战略	15
第一节	供应链管理战略概述	15
第二节	供应链供给管理	17
第三节	供应链需求管理	21
第四节	供应链外包战略	27
第五节	现代供应链整合创新战略	30
第三章	供应链运营管理	35
第一节	供应链风险管理	35
第二节	供应链成本控制	47
第三节	供应链绩效评价	54
第四章	供应链流程管理	64
第一节	供应链需求计划管理	64
第二节	供应链采购管理	68

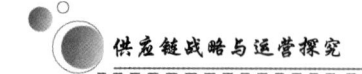

第三节 供应链生产管理 …………………………………………… 72
第四节 供应链配送管理 …………………………………………… 76
第五节 供应链退货管理 …………………………………………… 79

第五章 供应链运营管理创新的研究 …………………………………… 83
第一节 供应链管理与大数据时代 ………………………………… 83
第二节 供应链大数据与大数据技术 ……………………………… 86
第三节 大数据对改进供应链管理的作用 ………………………… 90
第四节 供应链协同平台的构建 …………………………………… 107
第五节 供应链产品质量风险管理 ………………………………… 109

参考文献 ………………………………………………………………… 113

第一章

供应链与供应链管理

第一节 供应链概述

一、供应链的概念

在供应链（Supply Chain，SC）和供应链管理（Supply Chain Management，SCM）的发展过程中，有关专家和学者提出了不同的定义，这些定义其实是在一定的背景下提出的，是不同发展阶段的产物。一般可以把这些定义根据其产生的背景大致划分为以下三个类别。

（一）认为供应链是制造企业内部的一个物流过程

同一切新生事物一样，人们对供应链的认识也经历了一个由浅到深的过程。起初，人们并没有把它和企业的整体管理联系起来，主要是进行供应链管理的局部性研究，如研究多级库存控制问题、物资供应问题，较多的是研究分销运作问题，如分销需求计划等。

早期的观点认为，供应链是指将采购的原材料和收到的零部件，通过生产转换和销售等活动传递到最终用户手中的一个过程。因此，供应链也仅被视为制造企业内部的一个物流过程，它所涉及的主要是物料采购、库存、生产和分销等部门的职能协调问题，最终目的是优化企业内部的业务流程，降低物流成本，从而提高经营效率。在早期基于这种认识，有人将供应链仅仅看作制造企业自身的一种运作模式。

此后，随着产业环境的变化和企业间相互协调的重要性的提升，人们逐步将对供应环节重要性的认识从企业内部扩展到企业之间，供应商从此被纳入供应链的范畴。在这一阶段，人们主要是从某种产品由原料到最终产品的整个生产过程来理解供应链的。在这种认识下，加强与供应商的全方位协作、剔除供应链条中的"冗余"成分、提高供应链的运作速度成为核心问题。

（二）开始注重与其他企业的联系

进入20世纪90年代，人们对供应链的理解发生了新的变化。首先，由于需求环境的变化，原来在供应链之外的最终用户得到了前所未有的重视，进而被纳入供应链的范围。这样，供应链就不再只是一条生产链了，而是一个涵盖了整个产品"运动"过程的增值链。

清华大学蓝伯雄教授认为，供应链就是原材料供应商、生产商、分销商、运输商等一系列企业组成的价值增值链。原材料零部件依次通过"链"中的每个企业，逐步变成产品，交到最终用户手中。这一系列的活动就构成了一个完整的供应链（从供应商的供应商到客户的客户）的全部活动。

美国学者史蒂文斯（Stevens）认为，通过增值过程和分销渠道控制从供应商的供应商到用户的用户流就是供应链，它开始于供应的源点，结束于消费的终点。此观点强调供应链的外部环境。

（三）更加注重围绕核心企业的网链关系

随着信息技术的发展和产业不确定性的增大，企业间关系正呈现日益明显的网络化趋势。与此同时，人们对供应链的认识也开始从线性的单链转向非线性的网链，实际上，这种网链正是众多单链纵横交错的结果。正是在这个意义上，美国学者哈里森（Harrison）将供应链定义为"执行采购原材料，将它们转换为中间产品和成品，并且将成品销售到用户的功能网链"。也有人认为供应链中的战略伙伴关系是很重要的，通过建立战略伙伴关系，可以与重要的供应商和用户更有效地开展工作。2021年发布的国家标准《物流术语》（GB/T 18354—2021）是这样定义供应链的：生产及流通过程中，围绕核心企业的核心产品或服务，由所涉及的原材料供应商、制造商、分销商、零售商直到最终用户等形成的网链结构。

随着概念的发展和实践的推进，供应链的概念更加注重围绕核心企业的网链关系，即核心企业与供应商、供应商的供应商的一切前向关系，以及与用户、用户的用户的一切后向关系。至此，供应链的概念已经不同于传统的销售链，它跨越了企业界限，从扩展企业的新思维出发，并从全局和整体的角度考虑产品经营的竞争力，使供应链从一种运作工具上升为一种管理方法体系、一种运营管理思维和模式。

综合以上分析，本书给出的供应链的概念为：供应链是围绕核心企业，通过对信息流、物流、资金流的控制，从采购原材料到制成中间产品以及最终产品，直至由销售网络把产品送到最终用户手中的将供应商、制造商、分销商、零售商以及最终用户连成一个整体的功能网链的结构模式。

供应链是一个范围广泛的企业结构模式，它包含所有加盟的节点企业，从原材料的供应开始，经过链中不同企业的制造加工、组装、分销等过程直到最终用户。它不仅是一条连接供应商到用户的物料链、信息链、资金链，还是一条增值链，物料在供应链上因加工、包装、运输等过程而增加价值，能给相关企业带来收益。

二、供应链的特征

供应链是一个网链结构，由围绕核心企业的供应商、供应商的供应商、用户和用户的用户组成。一个企业是一个节点，节点企业和节点企业之间是一种需求与供应关系。供应链主要具有以下特征。

一是复杂性。因为供应链节点企业组成的跨度（层次）不同，供应链往往由多个、多类型甚至多国企业构成，所以供应链结构模式比一般单个企业的结构模式更为复杂。

二是动态性。由于企业战略和适应市场需求变化的需要,供应链中各节点企业需要动态地更新,这就使供应链具有明显的动态性。

三是面向用户需求。供应链的形成、存在、重构都是基于一定的市场需求而发生的,并且在供应链的运作过程中,用户的需求拉动是供应链中信息流、产品/服务流、资金流运作的驱动源。

四是交叉性。节点企业既可以是这个供应链的成员,也可以是另一个供应链的成员,众多的供应链形成交叉结构,增加了协调管理的难度。

三、供应链的类型

在实践中,由于市场特征、产品特点、客户需求、区域范围等情况不同,供应链有不同的类型。

(一)A、V、T型供应链

一般而言,供应链中的每个企业都会以本企业为核心构建并管理供应链。

A型供应链模型,是以供应链下游为核心企业的供应链模型。例如,沃尔玛公司直接面对最终用户,只要及时拥有最终用户的信息,便能够影响和控制供应链。

V型供应链模型,是以供应链上游为核心企业的供应链模型。例如,中石油、中石化等掌握着基本原材料,能够控制下游环节并对其产生影响。

在T型供应链模型中,核心企业处在供应链的中间环节。例如汽车供应链,上游有不同层级供应商,下游有不同层级客户,直到最终用户。大多数供应链都属于此类。

(二)稳定的供应链和动态的供应链

根据供应链存在的稳定性差异,可以将供应链分为稳定的供应链和动态的供应链。基于相对稳定、单一的市场需求而组成的供应链稳定性较强,属于稳定的供应链;而基于相对变化频繁、复杂的市场需求而组成的供应链动态性较高,属于动态的供应链。

在实际管理运作中,应根据不断变化的需求,相应地改变供应链的构成。

（三）平衡的供应链和倾斜的供应链

根据供应链容量与用户需求的关系，可以将其划分为平衡的供应链和倾斜的供应链。当一个供应链具有一定的、相对稳定的设备容量和生产能力（所有节点企业能力的综合，包括供应商、制造商、运输商、分销商、零售商等），而用户需求处于不断变化的过程中，供应链的容量能满足这些用户需求时，供应链处于平衡状态。而当市场变化加剧，造成供应链成本增加、库存增加、浪费增加等现象时，企业不是在最优状态下运作，供应链则处于倾斜状态。

平衡的供应链可以实现供应链中各主要职能与职能目标（采购与低采购成本、生产与规模效益、分销与低运输成本、市场与产品多样化和财务管理与资金快速周转）之间的均衡。

（四）有效性供应链和反应性供应链

根据供应链的功能模式（物理功能和市场中介功能），可以把供应链划分为有效性供应链和反应性供应链。有效性供应链主要体现供应链的物理功能，即以最低的成本将原材料转化成零部件、半成品、产品，以及实现在供应链中的运输等；反应性供应链主要体现供应链的市场中介功能，即把产品分配到满足用户需求的市场，对未预知的需求做出快速反应等。

此外，还有推式供应链/拉式供应链、区域供应链/全球供应链、绿色供应链、数字供应链和移动供应链等类型。

第二节　供应链的设计策略和原则

一、如何评价供应链网络

供应链设计是实施供应链管理的基础，是供应链推广应用的重要前提。在进行供应链设计之前，必须了解如何评价供应链网络。

评价供应链网络的关键指标是连接性和时间。连接性是指组织间不经必要的数据管理就能直接交换数据的能力。建立供应链网络的目的是提高直接数据交换的能力，即提高供、产、销之间的透明度。时间是指在事件发生后产生数据的快慢程度。建立供应链网络的目的是缩短反应的时间，反应速度越快越好。

数据在供应链中各阶段传送后会引起信息延时，这种延时又会引起供应链内部需求波动，这种波动足以引起库存短缺或过剩，它反映了企业内部的脆弱性。一般可以采用5种方法来消除这种波动：①在物料传输渠道中，取消中间分配者；②在整个供应链中，集成信息流；③利用诸如"准时化"等管理方法，在整个系统内缩短延时；④改进通道方式，修正订货模型，如采用经济订货量模型等；⑤调整现有订货模型的参数等。

二、供应链的设计策略

设计和运行一个有效的供应链对于每一个制造企业都是至关重要的。因为它可以实现提高用户服务水平、达到成本和服务之间的有效平衡、提高企业竞争力、提高生产柔性、渗透入新的市场、通过降低库存量来提高工作效率等目标。另外，不合适的供应链设计会导致资源浪费和失败。可见，正确的设计策略是供应链设计所必需的。

费舍尔（Marshall L.Fisher）认为供应链设计要以产品为中心。供应链设计首先要明白用户对企业产品的需求。其次，产品寿命周期、需求预测、产品多样性、提前期和服务的市场标准等也是影响供应链设计的重要方面。因此，有必要设计出与产品特性一致的供应链，也就产生了基于产品的供应链的设计策略。

企业应根据不同的产品类型设计不同的供应链。例如，高边际利润、需求不稳定的革新性产品的供应链设计就不同于低边际利润、有稳定需求的功能性产品。功能性产品一般用于满足用户的基本需求，变化很小，具有稳定的、可预测的需求和较长的生命周期，但它们的边际利润较低；为了避免低边际利润，许多企业通过在式样或技术上的革新来激发消费者的购买欲望，从而获得高边际利润，这种革新性产品的需求一般不可预测，生命周期也较短。正因为这两种产品的不同，才需要有不同类型的供应链来满足不同的管理需要。

当知道产品和供应链的特性后，就可以设计出与产品需求相一致的供应链。基于产品的供应链应该与企业的业务层战略相适应，推动企业业务层战略的发展，使企业能在特殊的市场环境里有效地竞争。

三、供应链的设计原则

在供应链的设计过程中，应遵循一些基本的原则，以保证供应链设计能够使供应链管理思想得以实施和贯彻。

（一）上下结合原则

在一般的系统建模设计中，存在两种设计方法，即自顶向下和自底向上。自上而下是系统分解的过程，所以自顶向下的方法是从全局走向局部的方法；而自下而上则是一种集成的过程，所以自底向上的方法是从局部走向全局的方法。在设计供应链系统时，往往是先由主管高层作出战略规划与决策，规划与决策的依据来自市场需求和企业发展规划，然后由下层部门实施决策，因此供应链设计是自顶向下和自底向上的综合，即供应链设计应符合上下结合原则。

（二）简洁性原则

简洁性是供应链设计中的一个重要原则，为了能使供应链具有灵活、快速响应市场的能力，供应链的每个节点都应是简洁的、具有活力的，能实现业务流程的快速组合。比如供应商的选择就应遵循少而精的原则，通过和少数的供应商建立战略伙伴关系，减少采购成本，推动实施准时化采购法和准时生产。生产系统的设计更是应以精细思想为指导，努力实现从精细的制造模式到精细的供应链这一目标。

（三）集优原则

供应链的各个节点的选择应遵循强强联合的集优原则，以达到实现资源外用（非核心业务外包）的目的。每个企业只集中精力致力于各自核心的业务过程，就像一个独立的制造单元。这些所谓的单元化企业具有自我组织、自我优化、面向目标、动态运行和充满活力的特点，能够实现供应链业务的快速重组和快速响应，保证供应链的高效运行。

（四）协调性原则

供应链业绩的好坏取决于供应链合作伙伴关系是否和谐与协调，因此在合作企业之间建立起战略伙伴关系是实现供应链最佳效能的保证。席西民教授认为，和谐是描述系统是否形成了充分发挥系统成员和子系统的能动性、创造性及系统与环境的总体协调性的最佳指标，只有和谐而协调的系统才能发挥最佳的效能。因此，在设计供应链时也应满足协调性原则。

（五）不确定性原则

不确定性在供应链中随处可见，许多学者在研究供应链运作效率时都提到不确定性问题。由于不确定性的存在，会导致需求信息的扭曲，因此要预见各种不确定因素对供应链运作的影响，减少信息传递过程中的信息延迟和失真，以降低安全库存，提高服务水平。增加系统的透明性，减少不必要的中间环节，提高预测的精度和时效性，对于降低不确定性的影响都是极为重要的。

（六）创新性原则

创新设计是系统设计的要点，没有创新的思维，就不可能有创新的管理模式，因此在供应链的设计过程中，创新性是很重要的一个原则。要产生一个创新的系统，就要敢于打破各种陈旧的思维框框，用新的角度、新的视野审视原有的管理模式和体系，进行大胆的创新设计。

进行创新设计，要注意四点：一是创新必须在企业总体目标和战略的指导下进行，并与战略目标保持一致；二是要从市场需求的角度出发，综合运用企业的能力和优势；三是发挥企业各类人员的创造性，集思广益，并与其他企业共同协作，发挥供应链整体优势；四是建立科学的供应链和项目评价体系以及组织管理系统，进行技术经济分析和可行性论证。

（七）战略性原则

供应链的设计应有战略性观点，因为战略性观点不仅可以减少不确定性对供应链的影响，还可以匹配供应链发展的长远规划和预见性，使供应链的系统结构发展与企业的战略规划保持一致，并在企业的战略指导下进行。

四、供应链管理的主要内容

供应链管理关心的并不仅仅是物料实物在供应链中的流动，除了企业内部与企业之间的运输问题和实物分销以外，供应链管理的主要内容还包括：战略性供应商和用户的合作伙伴关系管理；供应链产品需求预测和计划；供应链的设计，包括供应链节点企业、资源、设备等的评价、选择和定位；企业内部与企业之间物料供应与需求管理；基于供应链管理的产品设计与制造管理，生产集成化计划、跟踪和控制；基于供应链的用户服务和物流（运输、库存、包装等）管理；企业间资金流管理（汇率、成本等问题）；基于网络的供应链交互信息管理等。

供应链管理注重总的物流成本（从原材料到最终产成品的费用）与用户服务水平之间的关系，为此要把供应链各个职能部门有机地结合在一起，从而最大限度地发挥出供应链的整体力量，达到供应链成员企业共同获益的目的。

五、供应链管理与传统的管理模式的区别

供应链管理与传统的物料管理和控制有着明显的区别，主要体现在以下四个方面。

一是供应链管理把供应链中所有节点企业看作一个整体，供应链管理涵盖整个物流从供应商到最终用户的采购、制造、分销、零售等职能领域过程。

二是供应链管理强调和依赖战略管理。"供应"是整个供应链中节点企业之间共享的一个概念（任意两个节点之间都是供应与需求关系），同时它又是一个有重要战略意义的概念，因为它影响或者可以认为它决定了整个供应链的成本和市场占有份额。

三是供应链管理最关键的是需要采用集成的思想和方法，而不仅仅是节点企业、技术方法等资源的简单连接。

四是供应链管理具有更高的目标，通过管理库存和合作关系提供高水平的服务，而不是仅仅完成一定的市场目标。

第三节　供应链管理概述

一、供应链管理产生的背景

其实早在远古时代，供应链的雏形就存在于人类社会，只是当时的供应链既简单又模糊，而且农业经济下的许多工作可以在一个组织中完成，没有专业分工的区隔，所以人们并没有意识到供应链的存在。这种农业经济的思维直到专业分工的工业时代才被打破。

工业时代的到来，更多地强调效率与分工的重要性，因此每个组织都开始追求效率化及高度单纯化，人们普遍认为只要本组织可以达到效率最大化，那么整体必然也会达到效率最大化，进而收益最大化。但由于过分强调工作切割及局部最佳的结果，整体观念有所削弱。例如，工厂为追求生产效率，引进许多高度自动化的生产机械及强调单一动作的单能工，这些快速生产出来的标准化产品，不是在仓库堆积库存，就是形成销售通路中的库存。此时的供应链可以说纯粹以物流驱动为主导，缺乏整体的观点。换句话说，零售店不会去考虑制造商的问题，同样，制造商也不会去关心制造出来的产品对于物流配送或销售的影响，造成了销售和生产的"大脱节"。事实上，这些观念至今还影响深远。

在市场经济快速发展的今天，市场竞争日益激烈，供应链用户需求的不确定性增加，高新技术迅猛发展，大型的生产系统日趋复杂。不同的供应商、制造商、分销商、零售商为了应对这类不确定性，必然会增加库存，因为它是对抗不确定性的一种保险措施。在单一生产过程中，这种不确定性可以通过建立一定容量的原材料、中间产品和最终产品的库存来克服。建立库存从方法上讲相对容易。然而，在生产系统形成供应链网络时，不确定性在供应链中会广泛传播，并使各节点企业所储存的库存成比例增多，进而成为困扰各企业的大问题。

缩小库存量、降低成本和改进服务是现代企业所面临的重要问题，企业要降低成本，就要减少库存，而这样势必影响对客户的最终服务质量。为了应对这一挑战，实现供应链上各企业的发展目标，供应链管理应运而生。

随着时代的发展，供应链管理产生的背景可以归纳为以下几点。

（一）全球化竞争的加剧

无论是从企业经营观念、市场分布来看，还是从市场需求、人才取得来看，企业进入了全球化竞争的时代已成为不争的事实。这对于我国的企业而言既是一个巨大的挑战，同时也是一个绝佳的机会。全球化竞争的加剧给企业带来的影响主要表现在以下三个方面。

一是地理因素造成运输时程增加，尤其远程的运输常使得船期延误、货品损坏等不确定因素增加。这些不确定因素往往迫使企业不得不准备多一些的库存及多一点的准备时间，来缓冲这些不确定因素所可能造成的损失，进而使得企业的资金累积及整体回应时间增加。

二是语言文化的因素造成信息传递上的困难。例如，同样的交期规定，针对不同国家的客户及供应商就有不同的定义，有的是指交到指定地点的日期，有的是指上船的日期，有的是直接以出厂日期计算。这些各地五花八门的习惯，再加上语言沟通的不便以及时差因素，造成的错误、损失及延误，正是全球化经营后企业管理的痛点所在。

三是全球专业分工的趋势，虽然可以最优化地组合各地资源，但是随之而来的管理问题，包括人力管理及各地进出口法令规章的适应问题，都是潜在的不确定因素。

（二）流程观念的普及

工业时代既造就了大量的单能工，也造就了庞大的"金字塔式"的阶层式管理体系。而随着时代的发展，这样的管理架构的缺陷也逐步显现，一种新形态的流程式管理模式开始盛行，供应链管理得以应用。从广义的流程管理来看，供应链贯穿于各企业的大流程中。

业务流程再造（Business Process Reengineering，BPR）的兴起，在作业管理的领域引起了很大的反响，其流程式的思维方式带给了习惯于阶层式"金字塔"内的人一个反思的空间。而BPR所强调的破除组织间资讯沟通的壁垒以及从根本来思考流程的目的及各个活动的附加价值，正是构成供应链管理的基础观念。

（三）联盟态势的崛起

在全球化时代，单枪匹马的企业注定无法顺利发展，综观经济区域化、全球化的趋势，企业联盟似乎为供应链管理指出了一条相当明确的道路。联盟成功的关键因素如下。

供应链管理中的企业联盟主要涉及企业之间利益分配、损失分担及资料分享的问题。在利益分配中，主要考虑因供应链管理成本降低而获得的利润。这里的利益分配除了需要考虑供应链上的各家企业，也要考虑消费者。否则，在这个多元消费文化的时代，消费者会另找他途，获得满足。损失分担对于供应链的成员又是另一项重大的挑战，尤其是针对销售周期短或有流行趋势的产品，一旦变成卖不出去的库存，迅速贬值的损失更需要得到快速的解决，否则损失会随着时间的流逝不断累加，将对供应链整体造成更大的危害。资料分享是容易做到的，但也要注意核心资料的保密，否则会影响供应链成员之间合作的根基。

供应商联盟的形成通常分为四个步骤。第一步是经由严格的筛选，逐步淘汰不合格的供应商，综合评选出各项因素较符合企业要求的供应商。第二步是重整供应结构，运用阶层式架构，保留少数具有整合能力的主要供应商，而其他供应商则从属于主要供应商，这样使得企业的供应管理简单而有效。第三步运用"准时制"的观念，将企业的采购部门与供应商的销售部门整合起来，形成合作团队，以解决原材料的采购与供应问题。第四步则是与供应链成员企业形成共存共荣的战略联盟关系。

二、供应链管理的发展历程

供应链的概念在20世纪80年代末提出，近年来随着全球制造的出现和发展，供应链在制造业管理中得到普遍应用，成为一种新的管理模式。供应链管理的发展大体可以分为以下三个阶段。

第一阶段：供应链管理的萌芽阶段（20世纪80年代）。

在这期间，供应链整个链条各相关成员（即公司）之间的合作非常重要。美国学者史蒂文斯（Stevens）提出，供应链管理是一种集成的思想，包括在企业内部集成和在企业外部集成。

第二阶段：供应链管理的初步形成阶段（20世纪80年代至90年代前期）。

这时，供应链各成员之间有时存在利益冲突，这种利益冲突导致供应链管理的绩效不高，并削弱了整个供应链的竞争力。为了克服上述缺点，必须提高供应链的整体竞争力。在这一阶段，信息流在向上一级传递时会发生信息曲解现象及顾客不满意现象，或者信息不能有效共享，这些问题成为企业提高竞争力的重要障碍。

第三阶段：供应链管理建立合作伙伴关系阶段（20世纪90年代至今）。

这一阶段主张各合作企业之间应一致"协调对外"。这种合作伙伴关系强调与尽可能少的供应商合作，对合作伙伴的选择是分步骤的、考虑多种因素的综合评价过程，要切实保证合作的有效性。

三、供应链管理的概念

供应链管理强调系统性，强调系统的整合与协同，强调供应链的创新发展。对于供应链管理的概念，不同的学者和机构有不同的理解与解读。

伊文斯（Evens）认为，供应链管理是通过前馈的信息流和反馈的物料流及信息流，将供应商、制造商、分销商、零售商直到最终用户连成一个整体的管理模式。菲利普（Phillip）则认为，供应链管理不是供应商管理的别称，而是一种新的管理策略，它把不同企业集成起来以提高整个供应链的效率，注重企业之间的合作。

根据《物流术语》（GB/T 18354—2021），供应链管理是指从供应链整体目标出发，对供应链中采购、生产、销售各环节的商流、物流、信息流及资金流进行统一计划、组织、协调、控制的活动和过程。

本书认为，供应链管理是一种集成的管理思想和方法，它可以执行供应链中从供应商到最终用户的物流、信息流、资金流、商流等的计划和控制等职能，使供应链中各环节的运作达到最优化，以提高供应链整体效益，提升客户价值。

第二章

现代供应链管理战略

第一节 供应链管理战略概述

战略能为企业发展提供方向。企业应整合内部和外部资源，将产品、顾客、服务以网状结构连接起来，构建出与其相匹配的供应链管理战略，以适应日益复杂、快速变化的供应链环境。

一、供应链管理战略的概念

供应链管理是企业为了更好地适应竞争要求而打造的一种新型战略管理模式。供应链管理战略是从企业战略合作的高度对供应链进行全局与长期性的谋划，它涉及供应链管理的全流程，包括原材料的获取和运输、产品的制造与服务的提供、产品的配送和产品的存储，以及营商环境的改善与供应链生态体系的完善等。在库存方面，主要涉及循环库存、安全库存与季节性库存的部署策略；在运输方面，主要涉及运输方式、路径选择和网络设计，以及业务自营与外包、反应能力和盈利水平等的权衡；在设施方面，主要涉及制造工厂、配送中心的布局，设施能力设置及目标规划等；在信息方面，主要涉及推动型与拉动型供应链的选择，供应链协调与信息共享，提高需求预测与整合计划的准确性，技术工具的选择等问题。

二、供应链管理战略的基本特征

供应链管理战略规划主要体现在确定企业的目标、明确企业的战略性竞争任务、形成企业的核心运作策略，以及积极参与营商环境改善、区域治理等四个方面，必须有效体现现代供应链管理战略的基本特征。

（1）专长性：供应链管理战略是核心能力强化战略。

（2）互补性：供应链管理战略是互补性企业联盟战略。

（3）关系性：供应链管理战略是关系营销的重要方面和关键环节。

（4）生态性：供应链管理战略是日益重要的生态系统。

（5）有机性：供应链管理战略是绿色与智慧的有机体现。

三、供应链战略与企业竞争战略的匹配

战略匹配，即供应链战略与企业竞争战略的匹配，是企业制定战略时必须遵循的原则。企业的竞争战略要实现企业收益最大化，而企业的供应链战略要实现供应链能力与目标的协调一致。企业失败的原因，或是战略不匹配，或是流程和资源的组合不能达到构建战略匹配的要求。如果不能在战略设定时实现匹配，各职能战略目标之间很可能发生冲突，并引发战略实施过程中的矛盾。对此，企业应考虑以下三个要点。

（一）专注于客户需求

客户需求可能表现在所需产品的种类和数量、愿意忍受的回复时间、要求的服务水平、期望的产品价格、预期的产品创新周期等方面。

（二）细化供应链功能

供应链主要有两类功能，即实物功能和市场功能。实物功能是指以最低的成本将原材料加工成零部件、半成品、产品并将产品从供应链的一个节点运到另

一个节点，即"生产+物流"功能。市场功能使供应链能对市场需求做出迅速反应，确保以合适的产品在合适的地点和合适的时间来满足客户的需求，核心是适销对路及其有效实现。一般意义上的供应链是这两个功能的权衡及综合利用，即反应能力与盈利水平的均衡。供应链有很多种类型，每一种都可以用来完成不同的任务。在设计供应链时，企业必须细化供应链的功能，即明确供应链具体用来做什么。

（三）获取战略匹配

如果供应链与企业竞争战略不匹配，那么，企业或者重新构建供应链以支持其竞争战略，或者改变其竞争战略以适应供应链。供应链反应能力的强弱代表供应链战略的成功与否，为了取得更佳的业绩，赢得竞争优势，企业应当尽可能地将竞争战略与供应链战略相匹配。

第二节　供应链供给管理

从某种角度来看，整个供应链在短期生产阶段的运行管理可以凝练为对供给和需求的管理。因为在供应链的各个流程上，每一个成员企业都是一个体现供需关系的节点。对于每一个特定的节点企业，所有上游业务的供给者都是该节点企业的供应商，而所有下游的需求者都是其客户。

企业可以通过生产能力和库存两个因素的组合来改变产品的供给，所要实现的目标便是企业利润最大化。这里的利润通常是指销售收入减去生产能力成本和库存总成本的差值。一般来说，企业在进行供给管理时，可以采取不同的生产能力和库存的组合。下面列出生产能力和库存（供给的一部分）管理的具体方法，当然，采用这些方法的目的是要实现利润最大化。

一、生产能力管理

当企业控制生产能力，以满足可预测的需求变动时，可以将下面的方法结合起来运用。

（一）弹性工作制

企业可以对员工实行弹性工作制，以此来更好地按照需求进行生产。在很多情况下，工厂并不是连续运转的，因而有些时候，生产线是闲置的。当工厂闲置的时候，过剩的生产能力是以工作小时数的形式存在的。例如，许多工厂并不是实行三班制，因而在需求高峰期，现有员工可以利用加班时间生产出更多的产品来满足需求。这里，加班时间的长短也可以随着需求的变化而调整。这种安排可以使工厂的生产与顾客的需求更加匹配。如果需求在一周内或一个月内出现波动，同时员工也愿意实行弹性工作制，那么企业就可以合理地安排工作时间，使企业在需求高峰期内有更多的员工在工作，进而实现需求和供给的匹配。

（二）使用季节性员工

企业可以在旺季雇用临时工来增加生产能力，满足需求。例如，旅游行业经常采用这种方法，以全职员工为主、季节性员工为辅。农业也会在粮食收割和粮食加工的时节雇用季节性临时工。当然，如果劳动力市场供给短缺，这种方法将很难实行。

（三）利用转包合同

企业可以在旺季将一部分生产转包出去，使工厂内部的生产仍然保持恒定水平，这样做的成本也比较低。有了转包商来进行旺季的部分生产，企业的生产相对有弹性而且成本较低。

（四）利用双重设施

利用双重设施是指企业同时建设专用设施和弹性设施。专用设施用于常规生产，以保证生产的稳定性；弹性设施则用于需求波动时的生产，或用于特殊生产需求时的生产，以应对需求波动。

（五）把产品弹性融入生产过程的设计中

使用这种方法的企业拥有多条可以随意改变生产量和生产效率的弹性生产线，使得生产可以随着需求的变动而变动。不同的生产线设计的产品需求可以是互补的，可以通过在生产线之间调配工人来改变各条生产线的生产能力。当然，这要求工人掌握多种技术，且能够适应在各条生产线之间的工作变动。

二、库存管理

为了管理库存，适应可预测的需求变动，企业可以采用以下方法或这两种方法的组合。

（一）设计多种产品的通用零部件

企业为多种不同的产品设计共同的零部件，不仅可以降低产品线的数量和复杂程度，而且由于每种产品都有可以预测的需求变动，所以这些通用零部件的总体需求也会保持相对稳定。通用零部件相关的供应链可以很好地将需求和供给协调起来，也可以减少零部件的库存量。

（二）为高需求产品或可预测需求的产品设立库存

企业在进行库存管理中首先要确定应为哪些产品设立库存，以及具体的库存量。实践证明，企业为高需求产品或可预测需求的产品设立库存是行之有效的方法。因为这样既保证了企业对客户需求的满足，也使得库存量和库存成本可以预测。

三、供给计划和供给调度

（一）供给计划

供给计划用于决定何时、何地为何种需求提供供给，包括原材料、零部件、设备、车辆、人工和设施，以实现供与需的平衡，满足客户的需求。

供给计划首先要确定供给的优先级别，为需求做合理和精确的资源分配。对此，它应参照需求计划，对资源分配做出详细的安排。它所要做的工作主要有：

如何分派有限的原材料和生产能力,并满足客户交货期限和优先权;如何在不改变现有交货期限的前提下,支持对新订单所做的交货承诺;如何安排生产以平衡工厂资源;如何使供应商的交货安排与工厂调度同步;等等。

其次,要对生成的供给计划进行分析和优化,判断它是否可行。若它存在问题,则需要对它进行优化和解决这些问题。

制订一个可行且最优的供给计划任务复杂,它需要在战略、战术和运作三个层次给出计划。尽管这些计划层次是依靠时间(年、季、月、日)来划分的,但又是相互关联的,这种关联性为制订一个有效计划增加了难度。而且,由于供给计划需要从供应链的许多不同环节来收集信息,反过来,这些计划在执行过程中又会影响供应链中的许多不同环节。按照计划层次的不同,供给计划也会有不同的形式。例如,在战略层,决策支持系统利用长期预测来做产量的扩张决策;而在运作层,联机分析可以帮助销售人员估算出潜在客户交货的时间和产品的制造地点。因此,企业应充分重视供给计划的制订和执行。

(二)供给调度

供给调度主要是配合供给计划,实现对瓶颈资源的合理利用。在批量生产和重复性生产环境中,常常存在多种生产流程及资源的选择,如何从中选择最优方案,是供给调度的首要任务。它常被用于供应链中的瓶颈分析,例如,对生产能力和资源需要同时在多个产品上进行分配时出现的平衡问题等,进行分析和处理。它与供给计划结合使用,能够更好地调度和管理资源的分配,解决好瓶颈问题,减少资金占用。

由于需求和供给的多样性,供应链中的瓶颈位置、瓶颈形式也各不相同,解决瓶颈的处理方法也就不同。在供给管理组件中,都设有一些可供选择的模型和工具,调度人员可以很容易地利用它们来完成对资源的分配,以使供给充分地满足需求。此外,跟踪供给任务执行的过程,对整个供给分配和满足需求的过程进行监控,供给管理也具有供给出现严重不足和例外事件的预警能力,实时检测订单的例外情况,一旦意外事件发生,它将与其他系统协同工作,共同排除这些事故。

第三节　供应链需求管理

一、需求管理的概念

当前，市场环境正在改变，以前由生产制造商支配与引导市场和消费者选择商品的方式，已逐渐转变为由零售商和最终用户来引导市场的方式。由最终用户向生产制造商提出他们何时需要何种特定商品的需求，制造商根据需求去生产完全符合最终用户需求的产品。这说明市场已从由生产制造商"推动"为主变为由零售商或最终用户"拉动"为主。按需定制的经营方式将顺应这种趋势，并将更符合市场和客户的需求。需求管理就是以供应链的末端客户和生产需求为核心，有计划地调配各种资源，协调和控制需求，以实现供应链上供需平衡的业务活动。

（一）需求的来源

需求管理的目的是以供应链最终用户和市场的需求为核心，在预定的计划下，有效地利用各种资源，认识和掌握各种需求的来源与变化，协调和控制这些需求，实现供应链上的供需平衡。一般情况下，需求可以分为以下两种来源。

一种是独立需求，是来自外部客户或市场的需求，不能直接从其他产品的需求中派生出来。例如，企业根据市场所得的对某种产品的未来需求、直接接收的客户订单需求等就是独立需求。

另一种是非独立需求，是指由于对某种产品或服务的需求所导致的，对另一种产品或服务的需求，它多是内部的、直接用于构成产品的原材料或元件的需求和提前期。例如，工厂要生产20台计算机，需要提前3天将所需部件配齐，则提前期为3天的20台主机、相应的内部配件和20台显示器就是非独立需求。

由于独立需求受到的限制较少，因此企业可以充分发挥自己的能动性和主动能力，采取多种有效的方法来协调和控制，如提高预测的精确度、加强上下游企业间的合作与信息共享、加强供应链上的调度、敏锐地响应市场变化速度、改进自己的体制结构和工作流程、改进业务方式等。

（二）需求管理的重要性

在传统的"推式"供应链上，供应链多由制造商主导。而随着市场的发展，企业需要管理一个由需求拉动的"拉式"供应链，需要了解和掌握更多的需求信息，及时作出精确的预测，并迅速地作出反应。因此，需求管理过程不再是一个简单的事件处理过程，而是一个动态的、并发的需求管理过程。随着互联网的发展，销售商和制造商能够在一个协调的环境下共享信息，进而获得更多的相互理解和获利。

需求管理的重要性还体现在它有改善财务绩效和运营绩效的巨大潜力。作为供应链管理关键的一步，有效的需求管理会对关键绩效指标带来重大的影响和显著的收益。随着市场竞争不断激化、产品生命周期不断缩短、配置化产品持续增值，这些变化更明显地影响供应链的财务绩效和运营绩效。

（三）需求管理的环节

需求管理主要由需求预测、需求计划、需求分析报告、需求监控与关键绩效评估等部分组成。

其中，需求预测是成功实现需求管理的基础，它是制订需求计划的第一步及依据，它的精确度直接影响需求计划的可靠性和可行性。需求计划用来实时支持供应链目标，掌握、协调和控制需求计划的制订，协调与需求相关的其他业务环节，使各环节间不断交流信息、达成一致。需求分析报告通过基于Web的报告应用工具，将用户创建定制的报告/报表或第三方报告/报表工具集成，实时提供需求分析报告，使管理者及时了解需求变化的情况。需求监控与关键绩效评估可以为管理人员提供例外分析和发布消息的帮助，它与供应链管理其他组件集成，使用多维功能为需求管理提供所需的关键信息，监控和评估计划的执行进程，并对例外情况发出预警，及时通知管理人员，防止意外发生。

二、需求预测

对未来需求的预测构成了供应链中所有战略性和规划性决策的基础。对于所有供应链而言,需求预测是其管理运作的第一步。

(一)需求预测的注意事项

企业要做好需求预测,必须注意做好以下三个方面的工作。

(1)企业应该把供应链中所有使用预测或影响需求的规划活动联系起来。

(2)企业必须识别并把握影响需求预测的主要因素。

(3)企业必须选择正确的需求预测方法。

(二)需求预测的过程

需求预测的过程大致可分为以下七个步骤。

1. 确定预测目标

明确目标是开展需求预测的第一步,因为预测的目标不同,预测的内容和项目、所需要的资料和所运用的方法都会有所不同。明确预测目标,就可以拟定预测的项目,制订预测工作计划,编制预算,调配力量,组织实施,以保证市场预测工作有计划、有节奏地进行。

2. 收集资料

进行需求预测必须占有充分的资料。有了充分的资料,才能为需求预测提供进行分析、判断的可靠依据。在需求预测计划指导下,调查和收集预测有关资料是进行需求预测的重要一环,也是预测的基础性工作。

3. 选择预测方法

根据预测的目标以及各种预测方法的适用条件和性能,选择出合适的预测方法。有时可以运用多种预测方法来预测同一目标。预测方法的选用是否恰当,将直接影响到预测的精确性和可靠性。运用预测方法的核心是建立描述、概括研究对象特征和变化规律的模型,根据模型进行计算或者处理,即可得到预测结果。

4. 进行预测

根据收集到的市场资料,在选定的预测方法下进行相应的预测。该步骤是决定整个预测成败的关键。

5．预测分析和修正

预测分析是对调查收集的资料进行综合分析，并通过判断、推理，使感性认识上升为理性认识，从事物的现象深入到事物的本质，从而预计市场未来的发展变化趋势。在分析评判的基础上，通常还要根据最新信息，对原预测结果进行评估和修正。

6．确定预测结果

通过对预测的分析与修正，根据最满意原则，确定最终的预测结果。

7．编写预测报告

预测报告应该概括预测研究的主要活动过程，包括预测目标、预测对象及有关因素的分析结论、主要资料和数据、预测方法的选择和模型的建立，以及对预测结论的评估、分析和修正等。

（三）需求预测的方法

需求预测的方法有多种，基本上可以分为定性预测法和定量预测法两大类。其中，定性预测法是根据已掌握的信息资料和直观材料，依靠具有丰富经验和分析能力的内行与专家，运用主观经验，作出性质上和程度上的推断与估计的预测方法。定量预测法是根据已掌握的比较完备的历史统计数据，运用一定的数学方法进行科学的加工整理，借以揭示有关变量之间的规律性联系，用于预测和推测未来发展变化情况的预测方法。

1．定性预测法

常用的定性预测法主要有市场调查预测法、德尔菲法、历史类比研究预测法等。

（1）市场调查预测法。它是指预测者深入实际进行市场调研，取得必要的经济信息，然后根据自己的经验和专业水平，对市场发展变化前景进行分析和判断。常用的市场调查预测法有经营管理人员意见调查预测法，销售人员意见调查预测法，商品展销、订货会调查预测法，消费者购买意向调查预测法等。

（2）德尔菲法。它又叫专家预测法，是由美国兰德公司提出的一种专家预测方法。这种方法是由主持预测的机构先选定与预测问题有关的领域，以及10～20个有关方面的专家，然后按照既定程序，以书面的方式分别向专家组成员进行征询；专家组成员则以匿名的方式（书面）提交意见；然后再将他们的意见经过综合、整理和归纳，并匿名反馈给各位专家，再次征求意见。经过多次的反复，使专家们的意见逐渐趋于一致，从而作为预测的根据，再由主持机构进行统计分析，最后得出预测结果。

（3）历史类比预测法。它是一种根据类似事物以往表现出来的某种属性、特征和发展规律，来预测与其相似事物相应的属性、特征和发展规律的预测方法。类比法的特点是"先比后推"。"比"是类比的基础，既要比共同点，也要比不同点。对象之间的共同点是类比法是否能够施行的前提条件，没有共同点的对象之间是无法进行类比推理的。

2. 定量预测法

它是指依据历史和现实的数据资料，利用统计方法和数学模型，近似地提出预测对象的数量变动关系，并据此对预测对象作出定量测算的预测方法。定量预测法主要可以分为两大类：一是依据连续性原理，利用时间序列分析预测目标发展趋势的时间序列分析预测法；二是依据因果性原理，分析预测目标与其他相关现象之间因果联系的因果分析预测法。下面就几种常用的时间序列分析预测法进行介绍。

（1）移动平均法。移动平均法是一种预测短期经济发展趋势的简单而实用的方法，它是一种在算术平均数法基础上发展起来的方法。它可以分为简单移动平均法和加权移动平均法。移动平均法首先选定参考历史数据的期数，然后在保证期数不变的情况下，进行边移动边平均的计算，引入一期新数据，将去掉最早一期的老数据。这样依次计算，最后形成一个序列平均数的时间序列。

使用移动平均法进行预测，能平滑掉需求的突然波动对预测结果的影响。但运用移动平均法时也存在如下问题：第一，加大移动平均法的期数会使平滑波动效果更好，但会使预测值对数据实际变动更不敏感；第二，移动平均值并不能总是很好地反映出趋势，由于是平均值，预测值总是会停留在过去的水平上而无法预计可能导致的将来更高或更低的波动；第三，移动平均法是在大量的过去的数据的基础上进行计算。

（2）指数平滑法。指数平滑法是布朗提出的。布朗认为，时间序列的态势具有稳定性或规则性，所以，时间序列可被合理地顺势推延。他认为，最近的过去态势在某种程度上会持续到最近的未来，所以，应将较大的权数赋给最近的资料。

指数平滑法主要适用于下列情况的预测：第一，除了随机性的上升或下降外，数据的变化一般比较平稳；第二，数据变化没有明显的上升或下降的趋势；第三，没有受到明显的季节性变化的影响。

（3）季节指数预测法。季节指数预测法常用于对随着季节变化而有较大需求波动的产品，利用季节指数来预测其未来需求。所谓季节指数，是由各个季度或月份需求实际值与由全部历史数据计算出来的季度或月份平均值的比值，即由于季节因素导致偏离预测值的程度。

这种预测方法的基本步骤是：第一步，用最小二乘法或其他方法求出历史数据趋势方程；第二步，用求出的趋势方程预测各个季度的历史数据，将预测出来的历史数值与其实际值的比值作为季节指数；第三步，利用季节指数修正趋势方程，将修正后的趋势方程作为预测未来需求量的预测模型。

三、需求计划

需求计划（Demand Planning，DP）主要对客户的需求制订计划和实现监控。它提供一种多维环境，使企业能够了解市场需求，并借助市场营销等手段引导未来的市场需求，帮助企业识别那些能够取得最佳效益的产品，使管理者通过确定和排除需求管理中的难点来准确与有效地管理用户的需求。需求计划可以帮助企业了解客户的各种需求，从而提高客户服务水平，并赢得新的商机和业务。需求计划不仅是计划编制，而且要对它进行评估，然后把结果应用到业务过程中去。一个需求计划能提供的功能如下。

（1）需求计划可以从不同的角度、按照自己定义的尺度和类别去观察、分析、处理与输出数据，多维体系结构无须重新组织就可以将数据沿所有维度展开分析。需求的历史信息和预测信息能够按照所需的方式显示，以方便地统计各类业务数据，如产品、库存和收入等。

（2）需求计划提供了定制化运作的功能，它允许企业产生多个按照不同地域、产品和时间要求的定制分组，来对定制化产品的生产和营销制订客户专有的需求计划和关联需求计划。

（3）需求计划使管理者能够对未曾预料到的需求高峰进行提前计划，及时掌握供应商的供应能力变化趋势，帮助企业在整个供应链上对需求变动进行协同，有效地平衡需求与供给的变化。

（4）按照客户的需求进行配置模拟，可以利用需求计划中的线性与非线性模型和周期性需求模型等，并自定义不同的尺度、分级、层次及根据多种度量单位来编制计划；再使用它的多维引擎，对各种因素的预测整合到一个单一需求计划中，并根据多种策略，自上而下、自下而上、自内而外地整合该计划。

（5）生成各类需求计划，调整每个输入因素对需求计划的影响，如编制原材料、生产能力、设备需求计划，编制支持按订单生产、按定制生产等项目的需求计划，编制多时间段计划（分、时、天、周、月、季和年计划），以及促销产品、新产品关联计划等。它还包括对市场和竞争对手进行精确的分析，实行实时订单可见性，与关联方进行需求变化的交流并生成报告，与报表或第三方报告、报表工具集成等。

第四节　供应链外包战略

一、外包战略的概念

外包（Outsourcing）也称资源外包、业务外包，具体指企业整合、利用外部优质资源，将一些非核心的、次要的或辅助性的功能或业务外包给外部的专业服务机构，利用它们的专长和优势来提高企业整体的效率，增强竞争力，而企业自身仅专注于那些核心的、主要的功能或业务。

外包战略的主要依据是核心竞争力理论。该理论认为，企业应该确定核心业务和核心优势,如果某项业务不是自己的核心业务,但它对企业的核心竞争力也很重要,那么可以把该项业务外包给最好的专业公司,企业从而能够把更多的资源投入核心业务,创造核心优势,最终提高核心竞争力。

二、外包战略的操作步骤

(一)确定是否外包以及外包哪些业务

美国著名的管理学家迈克尔·波特认为,企业创造价值的过程可以分解为一系列不同但又互相联系的增值活动,如设计、生产、销售等,它们的集合构成了企业的价值链。实际上,并非每个环节都能创造价值,价值创造来自某些特定的活动,即企业的竞争优势实际上就是企业在价值链上某个特定战略环节上的优势。所以为保持竞争优势,企业可以把一些非核心竞争力的环节和业务外包出去。

一般来说,在下列情况下,企业应该将业务外包出去。

(1)合作者能完成得更加出色。

(2)合作者能以更低的成本完成。

(3)合作者能以更快的速度完成。

(4)外包商能在销售方面取得更大成功。

(5)需要在某一遥远的、具有不同文化的国家进行。

(6)需要特殊能力,如获取政府基金。

(7)需要昂贵资源,但可能出现新型资源使其贬值。

(8)在企业内部进行代价太大。

(9)投资回报率较低。

(二)选择外包方式

就企业的业务和产品生产来说,可以选择全部外包,也可以选择部分外包。例如,有的企业把大众化的产品生产外包出去,留下创新性的高端产品自己组织生产;也有的企业把产品生产中的一般部件生产外包出去,留下核心部件自己生产。

外包可以选择"临时工"方式,如把某一批产品的生产外包给合作者;也可以选择"正式工"方式,如长期把本企业的某件产品生产固定外包给某一特定合作者。这两种方式各有利弊,前者会增加企业的交易成本;后者则可能使企业形成对合作者的依赖,增加转移成本。

外包可以选择代加工这样的"体力"外包形式,也可以选择"脑力"形式。后者主要涉及企业管理层面的业务外包,如产品设计、技术创新、财务管理、对外公关、人力资源管理等,企业可以将这些业务外包出去由相关领域的专家打理。

(三)准确评价外包商

外包商的信誉、能力会直接影响外包战略的完成,因此,企业应该慎重选择外包商。有的企业在选择外包商时注重外包商的文化、灵活性、开展业务的简易性和对成功的承诺,而有的企业则考虑外包商的生产经验、市场开拓能力、创新能力等。一般来说,外包商的评价指标体系至少应由以下三个方面的指标构成。

(1)投入指标:外包商拥有的固定资产、人力资源、技术资源等生产要素。

(2)能力指标:外包商的生产能力、技术创新能力等综合能力。

(3)兼容指标:核心企业与外包商在生产、文化等方面的兼容性。

(四)考虑选择多个外包商

在市场中,垄断往往意味着高额利润,实施业务外包战略时也一样。企业应选择多家外包商,使其相互牵制,避免失去对业务的控制能力。例如,有的企业将物流业务进行外包时,外包给最大的合作伙伴的业务也不超过40%;有些企业在实施外包战略时,对不同的外包商采取不同程度的控制措施,既保证了外包商可以获得丰厚的回报,也使得企业的技术得以完整保护。

例如,耐克公司把它的外包商分成三类。

(1)长期合作伙伴。耐克与这类外包商联合开发新产品,共同投资于一些新技术。在这些外包商那里,耐克生产最新式的产品,这些产品价值昂贵、产量低。

（2）批量生产外包商。耐克不与这些外包商进行合作开发，外包商只为耐克生产某一型号产品，产品批量大，且这些外包商无权选择原材料和二级外包商。

（3）部分拥有型外包商。这些外包商分布在世界各地，由于劳动力成本相对较低而受到耐克的青睐。耐克为这些外包商提供资金及技术支持，这些外包商只为耐克生产产品。

通过不同的控制策略，耐克在发展核心竞争力的同时也不用担心技术泄露。

（五）签订外包合同，实现双赢

外包合同的作用在于约束合作双方的合作行为。合同应就双方的责任、义务等方面作出较为详细的规定和说明，特别是达成有关知识产权与保密的协议，以保证双方合作顺利，从而形成长期的战略联盟。

值得一提的是，合作双方要引入双赢模式，就要从传统的非赢即输、针锋相对的竞争关系转变为共同为谋求更大利益而努力的关系。合作中，并不是一方的所得以另一方的损失为代价的。相反，一方成功，双方都会受益；一方失败，双方都不会得利。因此，在业务外包活动中，强调合作双方的共同利益非常重要，一方为了谋求自己的利益而损害另一方的做法是极不明智的。双方应该为了共同的利益精诚合作，使整个外包活动与企业核心业务相辅相成，产生协同效应，合作双方以此获得竞争优势，从而实现双赢目标。

第五节　现代供应链整合创新战略

供应链整合创新是指以供应链增值为目标，通过利用并行的方法把企业创新要素（如观念、文化、战略、技术等）、创新能力和创新实践整合在一起，通过有效的创新管理体系，产生新的核心竞争力的创新方法。不同于技术创新，整合创新必须以用户的需求为推动力，而不是只关注技术本身。供应链整合创新的关键在于创新的持续融合，充分利用团队协作，形成开放、交互的创新系统和持续的核心竞争力。

一、供应链整合的驱动因素

供应链整合是在供应链为满足核心企业以及其他成员企业战略发展要求时而产生的。一般来说，供应链整合的驱动因素主要有以下三种。

（一）提高供应链运作效率

不同行业间的供应链、同一行业的不同供应链在结构和运作方式上存在很大差别，供应链所处的环境和相对竞争优势也有所不同。因此，供应链之间盈利能力和运作效率的差距很大。供应链整合作为重新配置供应链资源的重要途径，通过供应链成员的重新筛选以及供应链运作方式的变革，可以提高整个供应链的盈利水平，扩大市场占有率。

（二）降低供应链运行成本

供应链整合可以使企业更加容易地获取合作伙伴的信任，使供应链上形成共同决策和实践，降低非理性行为和不必要的猜测，从而达到弱化牛鞭效应、降低安全库存的目的。加强战略合作可以降低企业间交易摩擦，减少交易费用。供应链上节点企业强强联合，也可以提高供应链资源的利用水平，减少浪费。

（三）获取竞争优势

供应链整合重视供应链节点企业间充分发挥相对竞争优势，强调核心能力发挥基础上的合作。供应链上的各个节点企业形成强大的联盟优势，通过降低运行成本获取低成本的竞争优势，同时提高客户响应速度，提升客户服务满意度，获取差异化的竞争优势。

二、供应链整合的时机判断

如前所述，供应链整合是为了满足供应链上核心企业以及其他成员企业战略发展要求而产生的，故对整合时机的判断十分重要。供应链整合的时机可以从以下两个方面判断。

一是原有供应链企业成员关系松散，面对市场环境的变化，企业原有运作模式已经不能适应激烈的市场竞争，企业要发展，必须从整条供应链出发，增强与上下游企业的联系。此时，供应链的整合可以提高供应链上下游企业之间的协同和运作效率，降低供应链上的浪费，提高供应链的竞争能力和抵御市场风险的能力，改善供应链企业的生存状况和运作绩效。

二是现阶段企业供应链运作和管理已经取得一定成果，供应链运作基本能够满足企业短期发展的需要。但从长远发展来看，企业应积极进行供应链整合，通过供应链各环节战略资源的重新构架为供应链未来发展奠定基础，真正将供应链管理作为企业发展中的竞争优势来源。

需要注意的是，供应链整合的目标及整合的驱动因素是紧密联系在一起的，无论出于何种原因进行供应链整合，其根本目的均是通过整合改善现有供应链运作状况和盈利能力，通过扫除供应链上企业间交流的障碍，减少冗余，提高供应链管理的水平，进而获取竞争优势。

三、供应链整合的各个阶段

（一）职能供应链整合阶段

这一阶段是在原有企业供应链的基础上分析、总结企业现状，分析企业内部影响供应链生产效率的因素。在这一阶段，企业只关注其内部供应链，而且该内部供应链上的各个部门都是独立运作的，它们分别实现自己的使命，并不关心上下游的情况，信息是不通畅的。传统的职能模块逐步被取代，由交叉职能小组参与计划和执行项目，提升职能部门的合作效率。

此阶段的供应链管理主要有以下几个特征。

（1）分销和运输的职能整合到物流管理职能中，制造和采购职能整合到生产职能中。

（2）强调降低成本，但并不注重操作水平的提高。

（3）积极为客户提供各种服务，满足客户需求。

（4）职能部门结构严谨，均有库存做缓冲。

（5）具有较完善的内部协议，有关采购折扣、库存投资水平、批量等。

本阶段企业的核心是内部生产效率，以最低的成本最快速地生产产品。在此阶段一般采用物料需求计划（Material Requirements Planning，MRP）系统进行计划和控制。

（二）内部供应链整合阶段

这一阶段要实现企业内部供应链与外部供应链中供应商和用户管理部分的整合，形成内部整合供应链。为了支持企业内部供应链整合管理，主要采用供应链规划（Supply Chain Planning，SCP）系统和企业资源计划（Enterprise Resource Planning，ERP）系统来实施集成化计划与控制。这两种信息技术都是基于客户/服务（C/S）体现在企业内的应用。SCP系统整合了企业的主要计划和决策任务，包括需求预测、库存计划、资源配置、物料和能力计划、设备管理、优化路径、基于能力约束的生产计划和作业计划、采购计划等。ERP系统集成了企业业务流程中主要的执行职能，包括订单管理、财务管理、库存管理、生产制造管理、采购等职能。SCP系统和ERP系统通过基于事件的整合技术连接在一起。

此阶段的供应链管理具有以下四个特征。

（1）强调战术问题，而非战略问题。

（2）指导中期计划，实施集成化的计划和控制体系。

（3）从采购到分销的完整体系具有可见性。

（4）与用户建立良好的关系，而不是管理用户。

（三）外部供应链整合阶段

供应链整合的关键是将企业内部供应链与外部的供应商和用户整合起来，形成一个集成化的供应链网络。而与主要供应商和用户建立良好的合作伙伴关系，即所谓的供应链合作关系，也是本阶段的核心任务。

此阶段，企业要特别注重战略合作伙伴关系的管理。管理的焦点是以面向供应商和用户取代面向产品。只有建立良好的合作伙伴关系，企业才可能很好地与供应商和服务提供商实现合作，共同在预测以及产品设计、生产、运输的计划和竞争策略等方面控制整个供应链的运作。从规划的角度来看，供应链规划的重任已经从原始设备制造商（Original Equipment Manufacture，OEM）转移到主要供应商。对于主要客户，企业一般建立以客户为核心的小组，这样的小组承担不同职能领域的功能，可以更好地为主要客户提供有针对性的服务。

处于这个阶段的企业生产系统必须具备更高的柔性，以提高对客户需求的反应能力和反应速度。根据不同客户的需求，企业必须既能按订单生产，按订单组装、包装，又能按库存生产。这种根据客户的不同需求对资源进行不同的优化配置的策略称为动态用户约束点策略。为了与外部供应链整合，企业必须采用适当的信息技术为企业内部信息提供与外部供应链节点企业连接的接口，达到信息共享和信息交互，实现彼此操作的一致性。

本阶段，企业采用销售点驱动的同步化、集成化的计划和控制系统。它集成了用户订购数据和合作开发计划，基于约束的动态供应计划、生产计划等管理功能，以保证整个供应链中的成员同步进行供应链管理。本阶段，供应链整合的核心延伸到整条供应链，相关环节上的供应商、经销商都已经成为供应链决策不可或缺的主体。

（四）整合化供应链网络联盟阶段

在完成了以上三个阶段的集成以后所形成的一个网链化的结构，称为供应链共同体。它的战略核心及发展目标是占据市场的领导地位。随着市场竞争的加剧，为了达到这一目标，供应链共同体必将成为一个动态的网络，以适应市场变化，不能适应供应链需求的企业将从供应链联盟中被淘汰。供应链由此成为一个能快速重构的动态组织结构，即整合化供应链网络联盟。企业通过互联网商务软件结合在一起，以满足用户的需求，一旦客户的需求减少，它也将随之解体。而当新的需求出现时，组织结构又由新的企业动态地组成。为了在这样的环境中求生存，企业必须能及时、快速满足客户需求。

（五）"供应链＋生态圈"阶段

"供应链＋生态圈"的基本特征是：在供应链能力支持下，整合相关产业资源，建立平台型生态圈；设计生态圈合作机制，使生态圈参与者合作共赢；利用信息与通信技术，标准化、数字化流程；利用大数据优化决策。

第三章

供应链运营管理

第一节　供应链风险管理

一、供应链风险的内涵

供应链风险主要是指供应链在其运作过程中受到系统内部和外部不确定性因素的影响,发生有害事件并由此导致供应链的正常运作偏离预定目标,从而使其受损或变得脆弱的可能性。

（一）供应链风险的特性

1. 客观性和必然性

无论是自然界的物质运动还是社会的发展规律,都是由事物的内部因素所决定的,不以人的主观意志为转移,如地震、洪水、海啸、瘟疫、意外事故等。同样,供应链存在于自然和社会环境当中,受到事物客观发展规律的影响,供应链风险也是客观存在的,不可能彻底消除,即使发生的频率和可能性较低,但也具有某种客观的规律性和必然性,我们只能尽力提高其可预知性并采取措施使其降低频率或减少损失。

2. 传递性

传递性是供应链风险中最显著的特征，也是由供应链自身组织结构所决定的。

供应链从产品开发、原材料供应、生产制造到流通过程，都由多个节点企业共同参与，根据流程的时间顺序，各节点的工作形成了串行与并行同时存在的混合网络结构，其中某一项工作既可能由一家企业完成，也可能由多家企业共同完成。各环节环环相扣，彼此依赖和相互影响，任何一个环节出现问题，都可能波及其他环节，影响整个供应链的正常运作。

供应链风险的传递性是指供应链风险利用供应链系统的联动性，在供应链节点企业之间的传递，给上下游企业以及整个供应链带来危害和损失。例如，最具代表性的牛鞭效应就是由需求信息风险在供应链上传递引发的。又如，上游原材料供应商供货不及时或缺货，将直接影响下游制造商的生产，也会间接影响末端的销售，风险便这样从上游企业一直传递到下游各节点企业。

3. 多样性和复杂性

供应链从构建起就面对许多风险，它不仅要面对单个成员企业所要面对的风险，如财务风险、人力资源风险、赊销风险等，还要面对由供应链的特有组织结构决定的企业之间的合作风险、道德信用风险、企业文化风险、信息传递风险及利润分配风险等。因此，供应链风险相比于一般企业的风险，类型多、范围广，也更为复杂。

4. 此消彼长性

供应链中的很多风险是此消彼长的，一种风险的降低会引起另一种风险的提高。这可以从两个方面来解释。

一方面，从整体来讲，可以把供应链看作一个大企业群，企业内一种风险的降低会导致另一种风险的提升，如营运风险和中断风险。例如，在某些突发事件的影响下，许多厂商均启动紧急应变措施，要求上游供应厂商提高库存，以确保供应链不会中断，减少了中断风险，但应变措施的启动，也相对提升了产生跌价损失的风险。又如，有些企业为了加强与供应商的长期战略合作，减少交易成本，可能会选择比较少的供应商，而这无疑又从另一个角度增加了供应中断风险。

另一方面，供应链系统内各节点企业风险具有此消彼长性，即一家企业风险的降低可能会导致相关企业风险的提高。例如，制造厂商为了降低自身的库存风险，要求上游供应商采用"准时制"方式送货，而这必然导致上游供应商送货成本、库存的增加，即制造商库存风险降低在某种程度上是以供应商库存风险提高为代价的。

5. 可控性和危害性

可控性是指企业对供应链系统实施监控和管理，可以防止不确定事件的发生。由于一些不确定性因素的影响，供应链风险会给供应链系统内各节点企业带来危害。

因此，在研究供应链风险，加强对供应链风险的控制时就要充分考虑风险的相互影响，对此消彼长的风险进行权衡，以确保供应链整体风险最小。

（二）供应链风险的分类

供应链本身是一个多参与主体、多环节的复杂系统，在选择供应链风险分类依据上完全可以参照系统论的思想，将供应链风险分成供应链系统内部风险和供应链系统外部风险。其中，系统外部风险多是由不可控制的外部环境因素造成的，可将其视为不可控制的风险，只能提前采取一些防范措施去适应，尽量减少损失；系统内部风险是由内在因素引起的，可以通过内部协调和控制来降低。

二、供应链风险识别

（一）供应链风险识别的内涵

目前国内外对于供应链风险识别并没有确切定义，但对供应链风险进行识别无疑是进行供应链风险管理的基础性工作。

按照国内学者张存禄的描述，供应链风险识别是在分析供应链的各个过程环节、在每一个参与主体及其所处的环境基础上，找出可能影响供应链的风险因素，掌握每个风险事件的特征，确定风险来源及其相互关联。供应链风险识别要考虑供应链管理的计划目标，需要足够的资料信息和相关经验来源。其中，供应链风险识别需要的资料信息主要有一般环境信息、市场和供应链伙伴信息、物流环境信息、企业供应链管理历史资料信息、企业供应链管理计划与战略文件信息等。

（二）供应链风险识别的技术和工具

1. 风险核对表

企业风险核对表可以分为风险核对总表和风险核对明细表两类。其中，风险核对总表反映企业某一阶段总的风险状况，风险核对明细表则反映某一种风险的具体信息。

风险核对表的提交时间是在每一个风险监控阶段的期末，以反映当前阶段的风险状况。而风险监控阶段的长短则根据企业的生命周期或决策者对风险监控的要求来确定，可以是一个工作日，也可以是一周或一个月。

另外，企业风险核对表还包括两类辅助表，即风险识别表和风险调查表。风险识别表是风险核对表的基础表，其主要的作用在于对企业所面临的风险的识别和分类，并给出针对各种风险的评价方法，从而使风险评价和风险监控有据有理可循。风险调查表则用于收集企业各个伙伴（或任务团队）的具体风险信息。就风险核对表各部分所反映的内容来说，风险识别表是一种静态表，而风险核对总表、风险核对明细表以及风险调查表都是一种动态表。

2. 故障树法

故障树法又叫事故树法，是由上往下的演绎式失效分析法，利用布林逻辑组合低阶事件，分析系统中不希望出现的状态。它是一种被广泛使用的分析问题的方法。

故障树法利用图解的形式将大的故障分解成若干小的故障，或对各种引起故障的原因进行分解。出于某种原因，分解后的图形呈树枝状，因而这种方法被称为故障树法。在对供应链风险进行识别时，故障树法可以将整个供应链所面临的主要风险分解成若干小的风险，也可以将产生风险的原因层层分解，排除无关因素，准确找到真正的风险及其存在的原因。

3．供应链运作参考模型

结合供应链运作参考模型，企业的供应链风险管理人员可以仔细分析识别供应链可能面对的环境风险、结构风险、行为主体风险，可以深入每一层细分流程中识别供应链中的风险，如成本风险、协作风险、人员风险等。

利用供应链运作参考模型识别供应链风险时主要有以下四个方向。

（1）环境风险识别。供应链运作参考模型的第二层次标准配置了基本流程的所有活动，可以将这些活动画在以地理分布图为背景的图上，这样便于分析供应链所在各地区的气候环境、政治法律形势、经济社会状况、自然灾害因素和物流环境等。这种方法尤其适合那些规模较大的跨国性供应链风险识别。

（2）供应链参与主体与协作风险识别。根据供应链运作参考模型的第三层次规定的标准流程、元素定义和细化的流程图，可以针对不同供应链参与主体之间不能很好地协调作业的风险因素，画出相关图形，明确相关协作关系，分析其中风险，以发现供应链上的薄弱环节。

（3）供应链结构风险识别。通过供应链运作参考模型的一系列规范化的图形，可以仔细分析供应链运作参考模型描述的供应链分布与结构。其中包括的问题可能会有配送中心、制造工厂等节点的选址是否合适，仓库系统是过于集中还是过于分散，供应商的数量和分布是否合适，配送渠道的分布是否和目标市场一致等。在确定供应链关键路径的基础上，要重点关注关键路径上的相关主要风险。

（4）供应链流程风险识别。借助于层层分解的供应链运作参考模型，供应链风险分析人员可以深入分析运作流程的不合理之处，确定风险所在。在这方面已经有学者进行了尝试，如我国的马林按照供应链运作参考模型第一配置层中的计划、采购、制造、配送和退货五个流程进行了供应链风险的识别研究。

4．数据挖掘方法

数据挖掘方法是一种从大型数据源中提取人们感兴趣的知识的分析方法，这些知识是隐含的、事先未知的和潜在有用的重要信息。数据挖掘汇集了来自机器学习、模式识别、数据库、统计学、人工智能及管理决策系统等各学科的成果，至今仍处于快速发展中。

利用数据挖掘方法对供应链风险进行识别主要体现在两个方面：一方面，可以用趋势分析法和序列模式挖掘法进行识别，前者是根据时序数据来估计未来的供应链风险形势，后者是根据序列数据来挖掘相对时间出现频率高的数据，如引入新的供应链，合作开始一年内发生供应链风险的概率较高；另一方面，可以用来提取供应链参与主体与其行为表现高度相关的特征，这些特征可以作为识别供应链风险的参考因素，也可以用来展现同类型供应链风险事件共同的特征和相关因素。

三、供应链风险衡量

（一）供应链风险衡量概述

1. 供应链风险衡量的概念

对于供应链风险衡量的研究大多是对供应链可靠性的风险评估。我国学者丁伟东提出的供应链可靠性评估矩阵，共有以下四个步骤。

（1）选定评估因素，构成评估因素集。

（2）根据评估的要求划分等级，确定评估标准。

（3）对各风险要素进行独立评估，得出评估矩阵和权重矩阵。

（4）进行数学运算，计算出评估结果。

由此可知，供应链风险衡量是在风险识别及影响因素分析的基础上，构建评价指标体系，选择一定的方法建立模型，计算出供应链总体风险水平及各类风险的大小，为下一步风险处理及防范奠定基础。它是供应链风险管理的核心步骤。

2. 供应链风险衡量的标准

根据我国学者张存禄的观点，供应链风险的衡量标准也就是供应链风险控制的预期目标，是根据供应链的计划目标和供应链的绩效指标确定的。而供应链绩效评价体系作为实务界和理论界关注的重要问题，还没有形成一致的风险衡量标准。在这种供应链目标不清楚、绩效指标不完善的情况下，如何科学地选择系统化的、方便实用的供应链风险衡量标准就成了一个很值得研究的问题。

在确定供应链风险的衡量标准时应当遵循以下四个基本原则。

(1)要结合企业的运营目标和供应链的计划目标。

(2)标准水平要同期望的目标客户服务水平一致。

(3)标准水平要同企业目前的管理水平、设备水平一致。

(4)要符合企业自身供应链活动流程,便于计算。

供应链风险衡量标准与供应链绩效评价标准相关,但二者不完全相同。风险衡量关心的是把运行结果与管理目标的偏差控制在一定范围内,而绩效评价关心的是以最佳表现实现管理目标。供应链风险衡量标准可以从质量风险、时间风险和成本风险三大方面进行设置,这同时也符合供应链管理的基本目标。

3. 供应链风险衡量的分类

根据供应链风险评估人员掌握的信息的不同以及供应链风险事件本身的特征,对供应链风险的衡量可以分为确定型评估、不确定型评估、随机型评估、客观评估和主观评估几大类。

(1)确定型评估。此类评估是假定各种状态出现的概率为1,只计算和比较各种方案在不同状态下的后果,以此挑选出不利后果最轻的方案。在供应链管理中,可以选择不同的供应商、不同的运输方式、不同的配送路线、不同的库存水平,管理人员可以根据产品价格、运输费率、道路里程、保管费用等计算供应链的成本,选择总成本最小的方案。另外,敏感性分析也被用于确定型评估当中。由于这类评估的前提条件过于理想化,实践中很难满足,故确定型评估不是供应链风险评估要讨论的重点。

(2)不确定型评估。这类评估主要是针对不知道发生概率或不知道发生后果、强度和形成机理的风险。其重点是降低不确定性和不可预知性。

(3)随机型评估。供应链管理人员不知道有哪些状态会出现,只能根据历史资料推测它们出现的概率。评估的主要内容包括选定风险的计量标度、确定事件发生的概率、计算概率事件各种后果的数值、确定评估数值的变化范围和限定条件。

(4)客观评估。这类评估主要是依据客观概率进行评估。客观概率是根据供应链管理的统计数据计算出来的。例如,对于一个连续经营的企业,其供应链的运行有明显的重复性特征,利用积累的统计资料尤其是管理信息系统存储的大量资源进行供应链的风险评估是非常可行的，计算结果的依据是客观的、不以管理人员的意志为转移的。当然，客观评估也有其不足之处，那就是它不能反映新出现的风险因素，不能反映供应链发生的新变化和可能面临的风险。

（5）主观评估。此类评估是依据主观概率进行评估，多是有经验的供应链管理人员（或专家）利用自身的知识、经验和技能，利用较少量信息创造性地分析判断的过程。根据风险事件是否会发生的个人判断，用一个0到1之间的数来表示事件发生的概率，便是主观概率的表现形式。主观评估的缺陷是评估结果容易受到管理人员个人偏好、能力水平等的影响，从而出现相应的偏差。

（二）供应链风险衡量的方法

1. 层次分析法

用层次分析法来评估供应链风险，既可以评估整个供应链的风险，也可以评估某一个节点的风险。层次分析法的主要问题是评估项选取和权系数选取的主观性导致整体评估结果的科学性受到质疑。我国的学者对于使用层次分析法进行供应链风险评估进行了不少的研究。

2. 决策树法

决策树法是一种用于解决风险型决策问题的基本决策方法。这种决策方法的思路如同树枝形状，故称为决策树法。决策树法会列举所有可能的选择方案，每种方案可能的后果及后果发生的概率。用决策树法对不同方案的风险进行评估十分直观，便于企业管理人员理解。

3. 风险评审技术

风险评审技术是一种专门为那些具有高度不确定性和风险性的决策问题而开发的随机网络技术，最初运用于计划管理和风险决策分析。由于具有较强的科学性与准确性，现在风险评审技术应用已扩展到风险投资和供应链管理等多个领域。

风险评审技术作为计算机模拟的随机网络仿真技术，会首先建立与实际过程相对应的随机网络模型，将时间、费用、运行效果联系起来加以分析。供应链风险管理中的这三个方面是密切相关的，因而正好可以应用风险评审技术进行分析。

这种高度仿真的计算机模拟技术解决了项目评估的多因素、多目标与模糊性等问题，可以为供应链风险管理提供强有力的支持。

4．数字仿真

供应链是一个复杂的、由多个环节构成的随机系统，以往对供应链风险问题的解析往往是在严格假定与约束条件下进行的，这就弱化了结果的实用性和通用性，因此，有必要在仿真设备上试验系统，包括建立、修改、复现系统的模型，这种实验过程即称为仿真。近年来，由于计算机技术，尤其是数字计算机技术的迅速发展，十分复杂的系统的运动状态也能在计算机上复现，因此也有人将仿真定义为使模型在计算机上运转，并进行实验的过程。总之，仿真是进行系统分析、研究、设计和训练操作人员的一种不可缺少的手段和方法。

关于供应链的仿真研究有比较多的文献，而关于供应链风险分析方面的仿真研究还较少，仿真方法的应用还有很长的路要走。

四、供应链风险控制

（一）供应链风险控制的内涵

供应链风险控制主要是对供应链的运行进行控制，并实施相应的风险处置策略。根据控制措施的实行与风险事件发生的先后，可以把供应链风险控制分为事前控制、事中控制和事后控制。

事前控制也叫主动控制、前馈控制，是指根据供应链风险识别的结果，事先采取措施防止风险的发生，并制定风险应对策略。很多组织采用的风险预警方法属于事前控制的范畴。优秀的供应链风险管理者应该尽早地预见风险，而不是坐视风险因素酿成后果再去采取措施应对。

事中控制也叫被动控制、保护性控制，是指密切监督供应链系统的运行，在风险事件发生以后即及时通知可能受到影响的各方，立即采取措施努力减轻风险造成的不良影响。应急管理就属于事中控制的范畴。如果发生未曾预料的风险，供应链风险管理人员需要紧急识别风险的特征，预判风险的进一步发展和可能产生的后果，确定风险应对措施并实施。如果风险的后果非常严重，可能要修改供应链的计划目标。

事后控制是指供应链发生后的善后工作，其采取的措施称为改进措施。它主要包括以下四个方面的内容。

（1）根据合同约定或制度法规来追究相关责任人的责任。若风险是供应链合作伙伴违约造成的，则追究合作伙伴的责任；若是由自然灾害造成的，则按照保险合同要求保险公司赔偿损失。

（2）根据风险事件造成的后果分析供应链配置的问题，有针对性地改进供应链。

（3）分析供应链风险管理的得失和改进方向。

（4）整理风险处理过程中积累的资料，为以后的管理工作提供借鉴。

（二）供应链风险监控

当实际发生的风险与事先预估的不同时，就需要重新进行风险分析并制定新的风险规避措施。对于供应链风险的处理结果，风险管理者也需要进行评价，看看处理措施的效果如何，是否有需要改进和提高的地方，因此需要对风险因素的发展变化进行跟踪，并对风险处理建立反馈机制。

供应链风险监控属于事中控制的范畴，其目的主要有两个：一是监控供应链的运行，及时发现风险因素和风险事件，预测其对供应链的影响，并通知可能受到影响的各方启动风险防范预案；二是监控风险应对措施的执行效果是否达到预期，获得反馈信息，为未来的供应链风险管理积累经验。

供应链风险监控涉及的内容非常多，大致可以分为两个方面：一是对供应链外部环境的监控，包括一般环境信息中的政策法规信息、经济社会信息、技术信息、自然灾害信息等，以及具体环境信息中的物流环境信息、采购市场与销售市场行情信息等；二是对工程质量、成本、客户服务、交付日期、供应商可靠性等方面以及工作状态异常的监控。风险监控不仅从结果上监控目标是否达到，还要深入过程之中，监控供应链的工作状态。由于风险监控需要监控的内容很多，因此要有重点地选择监控内容，依据风险状态对供应链的影响大小有区别地确定风险监控的等级，对不同等级的内容采用不同的监控方法。

供应链风险监控的方式主要是计算机信息管理系统、传统管理手段与供应链风险管理人员的有机结合。风险监控需要的信息来源广泛，有的来自新闻媒体，有的直接来自企业的商业情报部门或者供应链的合作伙伴，有的来自供应链运作的统计数据。风险监控与企业管理信息系统的大多数子系统相关，如使用供应链计划子系统监控计划目标的偏差情况，使用合同管理子系统监控合作伙伴是否诚信履约，使用财务管理子系统查询应收、应付款项是否正常执行，使用营销管理子系统监控缺货与退货，使用客户关系管理子系统把握客户的需求，等等。

五、供应链风险管理的实施

供应链风险的客观存在和其传播性及危害性，使得供应链风险管理在企业管理和供应链管理中地位显著。供应链风险管理应面向供应链管理体系，有效集成供应链管理技术和风险管理技术，形成一种新型的风险管理体系。为了有效地处理各种供应链风险，必须围绕供应链风险管理目标，降低风险发生的概率，改变风险后果的性质，弱化风险后果的影响。

一般来说，基于供应链风险因素，供应链风险管理应从风险防范、风险规避、风险转移、风险抵消、风险分散和风险分离等方面入手。

（一）风险防范

供应链风险管理的核心就是防范风险。防范就是在风险发生之前采取降低风险发生概率的行动，这是通过消除或减少风险因素来实现的。其实质是防患于未然，尽早排除可能造成风险的因素。

为系统地防范供应链带来的潜在风险，建立供应链风险监测体系势在必行。供应链风险监测体系应能够及时识别各类风险的警情、警兆、警源及变动趋势，及时将监测到的风险信息准确地传播给每一个供应链成员，使供应链成员能够及时做好风险防范工作。供应链风险监测体系是整个供应链风险管理体系中一个重要的环节，有效的风险监测可以降低供应链的损失，即使不能完全规避监测到的风险，也能为供应链成员进行风险预警和风险控制创造条件。

（二）风险规避

风险规避是指在供应链风险发生的概率很大，或者风险事件一旦发生，造成的损失会很大时，供应链风险管理决策者主动放弃相关目标或改变目标的一种风险自诊方式。由于这种自诊方式涉及对相关目标的全盘否定，因此，在采用风险规避方式之前必须对风险损失有一个正确的估计。

在供应链风险管理中，掌握规避风险的方法是非常重要的。对此，企业要注重风险评估。进行风险评估时要在风险识别的基础上寻找风险致因，了解风险特征，估计风险对供应链的影响。供应链往往规模较大，企业很难从整个供应链角度来度量风险，因而可以通过对某个风险因素进行分析来制定风险管理标准。企业要及时发现供应链运行过程中的风险，并及时进行控制，避免影响供应链的正常运作。企业应当合理实施供应链管理，加强供应链管理经验交流，把重大风险管理纳入企业战略管理体系，规避经营风险，从而提高竞争力，实现合作各方共同稳定发展。

（三）风险转移

风险转移是指在风险事件发生时将损失的一部分或全部转移出去，主要有保险转移和非保险转移两类方法。采取风险转移的方法时，应当尽量让最有能力的风险承受者分担，而且尽量让承受者得到一定的利益。例如，企业可以通过将部分非核心业务外包的方式将风险转移至其他企业，也可以和专业风险管理公司合作。

实践中，供应链的生产源头和需求终点之间总会存在信息延迟，这种延迟容易导致反馈误解。供应链上的节点企业大多数依据相邻企业的需求进行决策，而较少探求其他成员的信息，致使这种信息的偏差和不完整会从一点微小差异转变为巨大差异。因此，如何得到准确、及时的信息是供应链风险转移的重要因素。

（四）风险抵消

风险抵消是指将某些风险加以合并抵消，以降低风险损失。供应链的某一部分遭受了风险损失，可能会给其他部分带来收益，这会全部或部分抵消供应链整体的风险损失。例如，应用金融管理中的对冲方法可以在一定程度上降低供应链风险。

（五）风险分散

风险分散是指通过增加承受风险的供应链成员个数来均摊供应链整体风险，

使多个成员共同承担风险，从而使供应链整体降低风险损失。需要注意的是，在采取这种风险管理方式的同时，利润也会相应地分散。

供应链合作伙伴的选择是供应链风险管理中重要一环，一方面要充分利用双方的互补性以发挥合作竞争优势，另一方面也要考虑伙伴的合作成本与敏捷性。只有加强伙伴间的沟通和理解，使供应链上的伙伴坚持并最终执行整条供应链的战略决策，供应链才能真正发挥成本优势，占领更多的市场份额。

（六）风险分离

与风险分散使多个供应链成员共同承担风险不同，风险分离是指将各风险隔离，以避免发生连锁反应或互相牵连。风险分离的目的是将风险局限在一定的范围内，即使风险发生，所造成的损失也不会波及风险控制范围之外。

此外，在供应链风险管理的实施过程中，节点企业之间的信任是供应链赖以生存的基础，但是没有监督的信任却是形成供应链风险的最佳土壤。因此，可以通过专业风险管理企业建立并完善企业成员间的信任和监督机制，以降低供应链结构成本，减少内部交易成本，促使企业成员以诚实、灵活的方式合作，并使供应链管理层通过不同渠道验证信息的客观性，得到清晰和真实的信息，降低成员企业在信息不完全情况下作出错误判断或决策的可能性。

第二节　供应链成本控制

一、供应链成本控制的内涵

供应链成本是指供应链运转过程中由物流、信息流和资金流引起的成本以及供应链整合过程中产生的机会成本和整合成本。相关学者从合作供应链管理的角度将供应链成本分为两大类：一是系统所有者的总成本，包括系统执行和整合成本、过程协调和整合成本、数据转化和整合成本；二是合作的机会成本，包括不稳定合作关系的成本和变换合作伙伴的成本。供应链成本控制即指通过对供应链成本的分析，通过各种方法实现对供应链成本的控制。

二、基于流程的供应链成本分析

供应链成本分析的目的是通过控制和管理供应链成本使企业在竞争激烈的市场上获得竞争优势。任何一条供应链都可以分解为客户订货环节、补充库存环节、生产环节和获取环节四个环节，且每个环节都会与其他环节相互作用并产生影响。本书在此基于这些环节所构成的流程进行供应链成本分析。

（一）客户订货环节的成本分析

客户订货环节主要发生在客户与零售商之间，包括客户抵达、订单提交、订单确认、收到商品。在这一环节，客户可以直接去实体店购买或通过网络订货，零售商按照客户的订单配送商品、完成发货。

为了方便客户订货和及时检查库存，零售商通常会构建自己的信息管理系统，进行信息的收集和分析，由此便产生了信息成本。信息成本包括信息系统的购买成本以及维护使用成本。同时，零售商需要人力、物力来进行订单处理工作，由此产生了订货管理成本。零售商为了交货，需要从库存商品中找出相应的商品，进行包装，直接交给客户或寄送给客户，这一过程会产生包装成本、物流成本及相应的管理成本。发货后，商品的库存减少，零售商根据库存数量及时补充库存，由此产生库存成本。与此同时，零售商收到现金或转账，由此产生现金流。就客户而言，发生的成本是其收货时的支出，这也是整个供应链的收入。

（二）补充库存环节的成本分析

补充库存环节发生在零售商与分销商之间。在这一环节，零售商首先需要确定是以经济批量订货还是以其他方式补充存货，其目的是权衡商品供给水平和成本，以实现利润最大化。当分销商收到订单时，需要对零售商所订购的商品进行备货并及时将商品交付给零售商。

零售商在订货时，为了减少总成本，通常采取经济批量订货方式。零售商以其认为合适的方式（通过网络或直接派人）进行订货时，须支付相应的订货费或差旅费及其他与订货相关的费用,这一部分费用属于固定订货成本,是每次订购商品时产生的成本,不随订购规模的变化而变化。零售商收到所订商品,存储成本和仓库管理成本随即产生,同时须支付货款(现金或分期付款方式)给分销商,产生了资金转移成本和购买成本。购买成本并不简单地指购买原材料或商品的成本,还包括购买前对所需商品的调查和确认费用,检查商品是否合格的费用以及残次品退回的成本等。上述费用包含在供应链每个环节的购买成本中。当分销商接到订单时,须对订单进行整理,由此产生了订单管理成本。当分销商交货时,须将货物运送到零售商处或零售商指定的仓库中,这个过程中产生了运输成本。在日益激烈的竞争中,零售商与分销商为了追求各自利益的最大化都需要信息管理系统,信息成本的产生便不可避免。

(三)生产环节的成本分析

典型的生产环节发生在分销商与制造商(或零售商与制造商)之间。生产环节可由客户订单、零售商或分销商补充库存订单引发,或者由客户需求与厂家产成品仓库中既有产品数量之间的差额启动。分销商根据所确定的订货方式,将订单交予制造商。制造商则制订生产计划并进行生产,在符合质量要求、降低成本的同时,按时交货。

分销商将订单交予制造商,相应地产生订货成本。分销商收到货物,随即产生了存货成本和仓库管理成本。同时,分销商须支付款项给制造商,这便产生了资金转移,其资金转移成本计入分销商账户中。制造商收到订单后安排生产,相应地花费了人力和物力,产生了管理成本。制造商进行产品生产时,有原材料、工人薪资等各项费用支出,这些都包含在产品成本当中。制造商通过运输将产品送达分销商手中,运输成本也要入账。

(四)获取环节的成本分析

获取环节发生在制造商与供应商之间。在这一环节,制造商从供应商那里订购原材料,以补充原材料库存。原材料订单取决于生产安排,原材料需求量可以精确计算出来。因此,将供应商与制造商的生产计划联系起来非常必要。首先,制造商根据自己的生产计划向原材料供应商发出订单；然后，供应商根据订单安排生产并将原材料按时送达制造商手中；最后，制造商收到商品，并更新库存记录。

从制造商订购原材料到按期收货，这一过程发生了信息成本、订货成本、采购管理成本、存货成本、仓库管理成本。制造商收货付款时，发生购买成本和资金转移成本。供应商接受订货会产生劳动力成本。交货时，供应商须将商品或原材料运输到制造商处，产生运输成本；但与此同时，供应商的存货成本与仓库管理成本降低了。

总而言之，供应链会产生订货成本、购买成本、仓储成本、运输成本、管理成本、交易成本、资金转移成本、信息成本、生产成本、财务费用和经营成本，等等。一般可以将这些成本归纳为直接成本、作业成本和交易成本三个层次。这三个成本层次为分析和优化供应链成本奠定了基础。其中，直接成本主要是指生产成本；作业成本是指与产品生产和交付相关的管理活动产生的成本，主要包括订货成本、购买成本、仓储成本、运输成本、管理成本等；交易成本包括处理供应商和客户信息及沟通的所有成本，这些成本源自企业同供应链上其他企业的相互交流。

三、现代供应链成本控制的特点

供应链成本控制在于通过管理供应链中的各个环节的成本，使企业更好地满足客户需求，且供应链系统的总成本最优。与传统的成本管理相比，现代供应链中的成本控制具有以下四个特点。

（一）供应链成本控制范围得以拓展

现代供应链成本控制的范围已由企业的生产领域向开发、设计、供应、销售领域拓展。传统的成本管理往往比较重视生产领域成本的控制，而将其他环节的成本视为因生产和销售产品而发生的额外费用。然而，随着科学技术的进步和市场竞争的加剧，生产成本在企业成本中的比重呈现下降趋势，而与产品相关的设计、供应、服务、销售、信息等引起的成本比重不断上升，甚至超过生产成本。

（二）供应链成本控制活动的整体性

现代供应链的整体性体现在企业自身流通环节的整合和与上下游企业间的整合两个方面。它要求企业必须在以下三个层次上权衡成本。

（1）战略层次，主要包括合作伙伴的评价、选择及仓库布局、数量和储存能力，以及材料在物流网络中的流动产生的成本。

（2）战术层次，主要包括采购和生产决策、库存和运输策略。企业应根据市场需求组织生产，企业的产、供、销等经济活动都要适时、适地、适量，从而减少存货占用费用、仓储费用以及存货损失和价值损失。

（3）作业层次，即日常决策，如生产计划流程、估计提前期、安排运输路线等。

（三）现代供应链成本控制进一步提高服务水平和降低成本

现代供应链成本控制可以提高服务水平和降低供应链系统总成本。传统成本理论认为，提高客户服务水平必然导致成本上升，而保证安全生产和经营必须依靠大量库存，因此传统成本管理的目标就是单纯地追求企业成本与服务水平之间的平衡。但在现代供应链系统中，提高服务水平和降低成本这两个目标可同时实现。

（四）供应链成本管理手段变得多样化

为了实现有效的现代供应链管理，要利用信息技术和供求信息在企业之间实现整合，建立客户关系管理系统、供应链管理系统、全球采购管理系统和电子商务系统等技术支撑体系，改善企业传统的业务流程，降低系统成本。

四、供应链成本控制的方法

（一）目标成本法

相关学者提出了跨组织的目标成本管理理论，认为供应链的核心企业可以通过联合供应链成员，将产品的采购、生产、销售等活动紧密结合，以降低供应链总成本。

购货方的目标成本决定了供应商的销售价格，购货方由此将自己面临的市场竞争压力转移给了供应商。这种压力为供应商成本降低工作指明了方向，其结果就是购货方与供应商合作，共同进行成本管理工作。正是因为这种合作对于目标成本法实施效果的重要性，使目标成本法真正成为一种跨企业成本管理的技术。目标成本法可以有效地激发和整合供应链成员企业，提升供应链的成本竞争力。

（二）作业成本法

作业成本法是一种将间接成本和辅助资源更准确地分配到作业、生产过程、产品、服务及客户中的成本计算方法。作业成本法是建立在作业消耗资源、产品消耗作业两个前提之上的。

作业成本法的基本原理和步骤：首先，依据不同的成本动因分别设置作业成本库；其次，以各成本计算对象所耗费的作业量为基础来分摊成本库中的作业成本；最后，分别汇总各成本计算对象的总成本。

作业成本法对直接费用的确认和分配，与传统成本计算方法并无差别，但对间接费用的分配则依据作业成本动因，采用多样的分配标准，使成本的可归属性大大提高。传统的成本计算采用单一的标准进行间接费用的分配，无法正确反映不同产品生产中不同技术因素对费用的不同影响。

将作业成本法应用到供应链成本控制中，主要是因为随着科技的进步和市场竞争的加剧，生产成本在企业成本中的比重呈现下降趋势，而与产品相关的设计、供应、服务、销售、信息等引起的供应链间接成本不断上升。

供应链作业成本法站在供应链的视角上，通过以作业和交易为基础分析间接费用来优化产品或服务的总成本。企业内部的间接成本以作业为成本动因进行分析，而企业间的间接成本（交易成本）就需要以企业间发生的各种交易行为如谈判、买卖等为基础进行分析。供应链上的企业可以通过作业成本法识别出那些与最终客户的效用无关的作业，并通过减少或完全剔除这类无增值作业来降低成本，这样供应链上的企业就可以更好地对市场需求作出反应并增强自身的竞争力。

（三）生命周期成本法

目前，对于生命周期成本法相关研究者还没有形成统一的理解，但一般认为，生命周期成本是指在系统的生命周期中与该系统相关的所有成本。因此，在生命周期成本法这一系统中，产品使用者承担的成本（包括使用成本和周期结束成本）负责补充传统上由产品生产商承担的成本。应用过程中除了考虑实物流程及相关物资和能源流动产生的成本外，还要考虑劳动力和使用知识（如专利）的成本以及交易成本（如信息流）。

采用生命周期成本法，企业和供应链就可以确定产品开发、生产、使用、周期结束产生的所有成本，并据此识别生命周期和供应链中的成本驱动因素及其悖反关系，开发和生产总成本最小的产品。

（四）目标—作业成本法

张栋（2015）、曹曙（2015）、曾方平（2017）等学者提出将目标成本法和作业成本法相融合，并应用于供应链成本管理的新方法。

目标成本法和作业成本法进行成本管控的核心思想以及目标一致，都是为了提高企业的成本管理能力和生产经营效率，减少非增值作业的发生。这两种成本管理方法在具体的实施过程中各有侧重：目标成本法通过预算各阶段的目标成本来控制企业的成本支出，尤其注重对事前成本的控制，是一种战略性的统筹全局的管理模式；而作业成本法则侧重对事中和事后的管控，是一种关注企业内部视角的成本管理方法。同时，在企业具体的成本核算过程中，目标成本法相对简单，但一般采用分批、分步和定额等传统的成本核算方法，分配标准与作业成本法相比较单一，在成本计算上很容易产生偏差。作业成本法则对作业的划分要求较高，通常需要划分多个作业中心来归集成本，过程较复杂。由此可见，两者在实践中虽都存在一些不足，但是也都有各自的优势。

因此，让两者取长补短可以建立一套更为完善的成本管理方法，即目标—作业成本法。这种方法可以充分发挥目标成本法和作业成本法的优势，并且可以通过供应链的协调作用持续优化成本管理模式，最终提高企业的利润水平。目标—作业成本法的实施步骤如下。

首先，采用目标成本法，通过前期对市场环境的调研，综合各种因素确定商品的预计销售价格，再结合历史数据确定目标利润，采用目标利润法得到企业当年的目标准许成本。

其次，采用作业成本法核算制造费用，得到调整后的目标成本，确定目标作

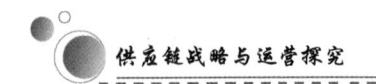

业成本。

最后，在管理模式中融入成本分析与反馈环节，形成一个完整的闭环系统，将目标作业成本与企业实际发生的成本进行比较，为企业管理层提供更加准确的成本信息，进而对存在问题的环节有针对性地加以改进，优化企业的成本管理模式，降低总成本。

五、大数据下的成本控制

相关研究者早在2001年便提出企业未来的竞争环境将由企业层面转移到网络层面，因此要理解信息化时代企业如何创造价值，并合理利用大数据技术来提高企业的核心竞争力。此后，还有学者提出了电子商务三大驱动力——技术变革、业务发展、社会力量，以及供应链成本管理策略和企业定价模型，强调了大数据技术的重要性，思考了如何将供应链管理理论运用到各企业实际的成本控制中。姚文超（2016）提出了大数据平台下成本管理的方法，并从采购、生产、仓储、销售、运输等环节入手分析了加工制造业如何通过大数据对企业成本进行实时监管，提高企业的成本控制水平。

总之，大数据技术在企业的业务处理、财务管理、决策制定以及供应链管理等环节逐步得到了广泛应用。实践证明，通过分析大数据技术在企业管理中的应用，将大数据技术运用到目标企业的供应链成本控制体系的构建中，可以加强对目标企业供应链的实时监控，提高企业数据处理的精准性以及反馈的及时性，从而优化供应链成本控制体系，有效降低成本。

第三节　供应链绩效评价

一、供应链绩效评价的内涵

根据《现代汉语词典》的解释，绩效即成绩、成效。从字面来看，"绩"指的是业绩,即工作的结果;"效"指的是效率,即工作的过程。因而绩效既可以被看作一个过程,也可以被看作该过程产生的结果。将这个解释应用到供应链,就可以得到供应链绩效是指供应链运作过程和运作结果。从某种意义上来讲,供应链的运作过程就是通过有效协调供应链节点企业的活动,增加、创造供应链及供应链上所有成员节点企业的价值。从物流的角度来看,制造商从供应商处获得原材料,加工成产品,然后包装,分销商将产品送达最终用户。从信息流的角度来看,各成员企业进行上下游信息协调和客户关系管理,每个过程都是一个价值增值的过程。信息共享可以大大降低供应链的运营成本,在增加供应链价值的同时,通过及时把握客户需求的变化和趋向,适时开发出能够满足市场需求的产品,提供令客户满意的服务。

评价供应链的绩效,是对整个供应链的整体运营绩效、供应链上节点企业的运营绩效、节点企业之间的合作关系作出评价,是围绕供应链的目标,对供应链整体、各环节(尤其是核心企业运营状况以及各环节之间的运营关系等)进行的事前、事中和事后的分析评价。

综上可知,供应链的绩效可从两个方面进行定义:一方面是供应链各节点企业通过信息协调和共享,在供应链基础设施、人力资源和技术开发等内外资源的支持下,进行物流管理、生产操作、市场营销、客户服务、信息开发等活动创造的价值总和,即结果绩效;另一方面是为达到上述目标,供应链各节点企业采取的各种行动,即运作绩效。

二、供应链绩效评价的作用

为了评价供应链的实施为企业群体带来的效益,我们对供应链的运行情况进行必要的度量,并根据度量结果对供应链的运营绩效进行评价。因此,供应链绩效评价主要有以下四个方面的作用。

第一,用于对整个供应链的运营效果作出评价。主要考虑供应链与供应链之间的竞争,为供应链在市场中的组建、运行和撤销的决策提供必要的客观根据。目的是通过绩效评价了解整个供应链的运营状况,找出供应链运营方面的不足,及时采取措施予以纠正。

第二，用于对供应链上各节点企业作出评价。主要考虑供应链对节点企业的激励作用，吸引优秀企业加盟，剔除不良企业。

第三，用于对供应链内企业与企业之间的合作关系作出评价。主要考虑供应链的上游企业对下游企业提供的产品和服务的质量，从客户满意的角度评价上下游企业之间的合作伙伴关系的好坏。

第四，除了对供应链上的企业运营绩效的评价外，这些指标还可起到对企业的激励作用，包括核心企业对非核心企业的激励，以及供应商、制造商和销售商之间的相互激励。

三、供应链内部绩效评价

供应链内部绩效评价主要是运用一定的评价方法、量化指标及评价标准，对供应链上的各节点企业内部绩效进行评价，主要考虑供应链对各节点企业的激励。应注意供应链内部绩效评价与企业自身绩效评价的不同。虽然企业自身绩效评价仍然是供应链节点企业考核的重要内容，但是这里更关注的是供应链对企业业绩提升的贡献以及企业对供应链整体运营绩效的贡献，而非单纯以货币计算的净损益。因此，供应链内部绩效评价需要立足于供应链整体的角度，不同于一般意义上的企业立足于自身角度对内部绩效的评价。

供应链内部绩效评价主要包括以下五个方面。

（一）成本管理评价

这里的"成本"是指为完成特定的运作目标而发生的实际成本，是最能直接反映供应链内部绩效的指标。

（二）基础客户服务评价

基础客户服务包括服务的可得性、运作绩效和服务可靠性。一个有效的基础服务平台需要特定的评价标准来评价每一方面的绩效。在一般情况下，服务的可得性可以通过一个组织的操作完成比率来反映，通常运用的完成比率有货物完成比率、产品线完成比率、价值完成比率和订单完成比率。运作绩效解决与时间有关的问题，一般情况下可通过平均订货周期、订货周期一致性和准时交货来衡量。通过对供应链中的服务质量进行评价,可以得出与服务可靠性相关的绩效。

(三)质量评价

质量评价主要是指针对供应链内部各节点企业所提供的产品和服务的质量进行评价。

(四)生产率评价

生产率是投入与产出之比,用于衡量单位投入的产出水平。如果一个系统有明确的可衡量的产量以及可以确定的和可以衡量的与产量相匹配的投入,那么,对于生产率的衡量将较为简单。然而,现实中往往存在以下困难阻碍着生产率的准确衡量:一是在所规定的时间段内,产量难以衡量,同时投入与产量难以匹配;二是投入与产出存在混淆或者类型不断变化的情况;三是数据难以得到或根本没有。这三个方面的困难的解决也正是现实中需要努力的方向。

(五)资产管理评价

供应链的资产主要包括库存、厂房、资金和设备。资产管理的重点是投资在设施和设备上的资本利用情况,以及投资在库存上的营运资本的利用情况。设施和设备的利用情况经常以容量的利用以及时间的利用作为衡量标准。例如,如果一个仓库有存储10000个纸箱的能力,但实际上仅存储了8000个,那容量利用率仅为80%;对于时间的利用,可以以设备的停工期进行衡量。

四、供应链外部绩效评价

外部绩效评价主要是对供应链上的企业之间的合作运行状况的评价,要求将供应链上各节点企业的相互影响和相互作用作为评价的重要因素加以考虑来全面评价。现代供应链外部绩效评价包括从客户满意度的角度评价上下游企业之间的合作伙伴关系、核心企业对其他节点企业的激励以及供应商、制造商、零售商之间的相互激励等。

供应链是一个内部成员相互关联的战略联盟体,各节点企业只有充分合作,实现利益共享、互惠互利,才能保证所有成员发挥最大能动性,从而促进供应链绩效的实现与提高。因此,供应链外部绩效的评价是供应链绩效评价的一个重要方面。其度量的主要指标有基准评价和客户适应状况评价。

(一)基准评价

基准是供应链外部绩效评价系统的一种重要的工具,它可以使管理者了解一流的经营运作,既包括竞争对手的,也包括非竞争对手的,既包括与本行业相关的行业,也包括与本行业不相关的行业。一项对最佳运营供应链企业的研究发现,那些具有高水平供应链运营能力的企业与那些供应链表现平平的企业相比,它们更加愿意从事基准评价活动。

基准评价的选取对象主要有两大类:一是本行业顶尖企业及其平均水平,二是其他行业顶尖企业及其平均水平。使用后一类的前提是本行业绩效信息收集困难,其他行业绩效信息收集相对简单。

(二)客户适应状况评价

客户适应状况可以由相关的评价指标来反映,如完美订单、客户满意度等。完美订单是指订单得到了完美的履行,在整个订单完成周期内,每一步作业都严格按照对客户的承诺执行,毫无差错。完美订单可以作为企业零缺陷物流承诺的指标。完美订单衡量的是企业总体物流绩效的有效性,而不是单个职能的有效性。

客户满意度的量化来自对客户信息的监控、收集和评价。典型的客户满意度评价方法要对客户对企业的期望和对企业各方面运作绩效的印象与理解等进行仔细的调查。客户的期望和绩效的印象包括产品和服务的可用性、订单周转时间、信息有效性、订单准确性、问题处理情况和物流运作质量等,而这一切都是基于对客户对供应链整体的满意度信息的收集。

五、供应链绩效评价的方法

(一)基于平衡计分卡法的绩效评价

平衡计分卡提出了一套系统评价和激励企业绩效的方法,认为应从客户、流程、改进和财务四个角度审视业绩。其中,客户角度所指的客户满意度是推动其他指标顺利完成的原动力，流程角度所指的高效的内部运营过程保证了高水平的客户满意度，持续改进则提高了组织的运作绩效。供应链上的所有节点企业根据绩效评价结果不断修正自己的行为，将自己的日常工作与组织的战略保持一致，从而保证了组织战略的实现。

1. 客户角度

供应链的目标之一是帮助整个供应链中的成员实现持久、稳定的收益。为了实现这一目标，供应链必须进行客户管理，了解客户需求，评价满足客户需求程度的高低，力争在正确的时间、正确的地点将正确的产品或服务以合理的价格和方式交付给特定的用户，增加客户价值，提高柔性、可靠性，以实现和超越客户期望。

平衡计分卡对此给出了两种绩效评价方法：第一种是企业为达到客户所期望的服务效果而采用的评价指标，主要包括市场份额、客户获得率、客户保有率、客户满意度等；第二种方法针对第一种方法中的各项指标进行逐层细分，制定出评分表。

2. 流程角度

改进流程是平衡计分卡突破传统绩效评价的要点之一。流程管理相对应的目标是减少浪费、压缩时间柔性、降低成本。传统绩效评价虽然加入了生产提前期、产品质量回报率等指标，但是往往停留在单一部门绩效评价上，提升这些指标仅仅有助于组织生存，而不能使组织形成独特的竞争优势。平衡计分卡从满足投资者和客户需要的角度出发，从价值链上对内部的业务流程进行分析，提出了质量导向的评价、基于时间的评价、柔性导向评价和成本指标评价四种绩效属性。

3. 改进角度

改进产品、实现流程创新、加强伙伴关系管理是供应链的又一目标。供应链的持续发展直接关系到供应链的价值。严峻的全球竞争形势要求供应链必须不断改进和创新，发掘和整合供应链内外部资源，提高现有流程的运作效率，提高产品服务质量和开发新产品的能力。供应链要创造长期绩效就必须培育良好的学习能力，并夯实发展基础。平衡计分卡注重分析现有能力与满足需求的能力之间的差距，这种差距可以通过员工培训、技术改造、产品服务质量提升等进行弥补。相关指标包括新产品开发循环期、新产品销售比率、流程改进效率等。

4. 财务角度

财务指标是绩效考核中应用最为广泛的一项指标。财务目标的实现使得成本降低，提高了边际收益率，现金流得以更好地优化，收益和资本回收率提高。因此，整个供应链的财务优化依旧是重中之重。平衡计分卡将财务绩效作为所有目标评价的焦点。

（二）基于层次分析法的绩效评价

层次分析法（Analytic Hierarchy Process，AHP）是一种定性和定量相结合的、系统化的、层次化的综合分析方法。它能够有效地处理难于用定量分析方法解决的复杂问题。层次分析法的基本原理是将被评价对象的各种错综复杂的因素按照相互作用、影响及隶属关系划分成有序的递阶层次结构，体现了决策思维的基本特征——分解、判断、综合，具有系统性、综合性与简便性的特点。其运用的关键环节是建立判断矩阵，判断矩阵是否科学、合理直接影响分析效果。

1. 评价指标的无量纲处理

在供应链绩效评价指标体系中，有的属于正指标，有的属于适度指标，还有的属于逆指标，它们对供应链绩效的作用趋向不同。正指标对供应链绩效的贡献率随着评价结果的增大而增大，适度指标要求数值以适中为最好，逆指标对供应链绩效的贡献率随着评价结果的增大而减小。因此，各个指标之间不具有可比性，如果不进行无量纲处理，就无法进行综合评价。

2. 构建集成化供应链绩效评价体系的递阶层次

层次分析法需要根据具体情况建立评价体系的递阶层次结构图。

3. 构建比较判断矩阵

在得到供应链绩效评价指标体系的递阶层次结构以后，运用专家（包括供应链内部的管理专家和外部的市场专家）咨询法，对指标体系中由同一上层指标支配的同层指标进行两两比较，构建判断矩阵。

4. 层次单排序和一致性检验

对应的特征向量经过统一化处理后即得到同一层次因素对于上一层次某因素相对重要性的排序权值，这一过程称为层次单排序。对层次单排序进行一致性检验，首先计算一致性指标，再通过查表得出对应不同 n（判断矩阵的阶数）值平均随机一致性指标值。

5. 层次总排序和一致性检验

计算同一层次所有因素对于最高层（总目标）相对重要性的排序权值，称为层次总排序。这一过程是从最高层次到最低层次逐层进行的。层次总排序后，对每一个成对比较阵计算最大特征根及对应特征向量，利用一致性指标、随机一致性指标和一致性比率做一致性检验。若检验通过，特征向量（归一化后）即为权变量；若不通过，需重新构造成对比较矩阵。

（三）基于流程的供应链绩效评价体系法

我国学者霍佳震提出，基于流程进行评价，不仅具有灵活性和指导性，还有利于进一步分析供应链成员之间的相互影响。他还构建了一个基于流程的供应链绩效评价体系法。

1. 结果层

每个主体所关注的问题并不相同，如最终客户作为产品和服务的接受者，关注客户服务水平；所有者和经营者则比较关注财务状况。考虑不同主体的关心事项，将结果层的绩效分为客户服务水平、财务状况两个方面。

2. 运作层

传统的运作评价大多从投入和产出入手，利用财务指标对结果进行评价。这里则基于流程，具有很强的分析能力和灵活性，既可停留在供应链比较宏观的流程层次上，也可深入企业内部分析更具体的流程，从价值角度、时间角度、产能角度展开运作层的体系构建。

3. 战略层

供应链的发展能力和发展潜力是所有者与发展经营者都关心的问题。这一层次的评价,可以分三个方面进行,即信息共享程度、组织创新与学习、稳定性和活力(即供应链的合作性质要求其构成具有稳定性,同时需要有效的激励机制以保证供应链的活力)。

六、供应链绩效的提升方法

在供应链中,每个节点企业的文化、体系结构、管理手段和技术要求都不一样。因此应加强节点企业与节点企业之间的合作,减少不必要的成本并提升供应链的整体绩效。对此,可以从以下四个方面入手。

(一)构建供应链信息共享平台

信息共享平台可以建立去中间化、去中心化、去边界化的供应链信息交互沟通结构。传统企业普遍受到牛鞭效应的困扰,主要原因是信息流在从客户向供应商传递的过程中,中间环节过多导致信息扭曲和信息传递不稳定与延迟。这些信息传递过程中的失真、泄露、伪造等问题都可以通过信息共享解决。供应链信息共享意味着供应链中的每个节点企业都可以快速、准确地掌握终端客户的需求。该需求的发送者主要是分销商,便于每个节点企业及时掌握终端客户的需求信息。

构建供应链信息共享平台时,首先是供应商、制造商和分销商各自的内部信息共享,优化企业的供应链管理流程。其次是供应商、制造商以及分销商之间进行信息互换,使各个节点企业都能及时掌握客户的需求信息,进而提高客户满意度等指标。最后,将内部信息和外部信息集成到供应链网络中,既可以提高供应链对市场需求的响应速度,也可以提高企业对内部信息的反应速度,最终提升供应链的综合绩效。

(二)利用现代互联网技术与大数据技术

供应链中各种"流"的运行主要依靠网络,如果没有网络,链的组成就无从谈起。供应链需要大量的信息互通、数据互通,信息更新、数据更新。大数据技术广泛应用于供应链管理的全过程,大量数据的收集和分析为供应链在研发设计、生产物料采购、营销、物流方面的决策提供依据。尤其是物流运输行业,只有利用新一代信息技术，才能更精准地掌握市场供需，也只有更多地利用新型技术，才能够更好地提高效率，更好地为客户服务，及时满足客户提出的需求。企业只有将生产建立在互联互通的商品交易上，加强企业运行信息的汇总和客户需求的汇总，提高供应链运营效率，才能提高供应链绩效。

（三）增强供应链节点企业的社会责任意识

企业担负的社会责任将对供应链绩效产生积极影响。因此，有必要积极倡导供应链节点企业履行社会责任。除了使用各种法律法规加以限制外，政府也可以通过优惠政策和舆论导向等来促使企业担当社会责任。激发企业高层及中层管理者的社会责任感可以提高企业绩效，全面提高节点企业及员工的社会责任承担能力和社会责任感，进而提升供应链整体绩效。

（四）以平台战略为指导推进供应链协同管理

平台战略作为互联网技术发展的产物，对信息化水平具有较高要求。平台战略需要运用最新的信息技术对供应链流程进行整合，实现企业资源的最优分配，最终达到供应链物流、商流、信息流、资金流的完美融合，在供应链全渠道实现信息即时沟通和信息共享。供应链协同管理的终极目标是实现供应链整体的利益最大化。将平台商业模式与供应链管理进行有机结合，是实现供应链商业模式创新的重要方向。供应链通过信息共享平台，实现信息协同和业务协同，从而提升供应链整体绩效。

第四章

供应链流程管理

第一节 供应链需求计划管理

在传统的供应链预测与计划系统中,产量的确定、原材料的采购、生产能力的配置等过程在很大程度上依赖于历史的需求趋势和模式。然而,随着时代的进步,客户需求的变化和环境的变化更加频繁且不可预测,因此,迫切需要构建灵活性、稳健性更强的供应链需求计划系统,使企业与供应链能够对市场变化作出快速反应。

一、需求计划管理的定义、内涵和发展

(一)需求计划管理的定义

需求计划管理是企业对其生产运作过程中各类需求的计划和管理,包括企业战略层面的需求管理和企业职能层面的物料管理(如物料需求计划)。

历史经验和实践表明,需求信息是供应链规划中最难预测的信息之一。然而,需求信息是规划活动的基础和出发点,会影响后续活动的质量,比如,需求不确定性通过网络传播会导致牛鞭效应,因此,需求计划管理对企业而言是至关

重要的前置环节。

（二）需求计划管理的内涵

需求计划管理的内涵可以从企业战略层面和企业职能层面展开描述。企业战略层面的需求计划管理被称作需求聚合，也被认为是一个"风险集中"策略。通过聚合总体需求来统一规划，以减少需求波动，实现更有效的材料或产能规划。然而，并不是每一项计划活动都能以总体需求为基础，如大多数物流计划都需要详细的需求。所以，从企业职能层面来看，企业也需要针对每一个可能的详细需求，将主生产计划（Master Production Schedule，MPS）分解为可行的详细计划，在职能部门层面形成材料需求计划，以确保生产计划的可行性与稳健性。因此，需求计划管理在企业战略层面和企业职能层面都需要得到企业管理层的重视。

需求计划管理的步骤分为需求汇总和需求预测两个部分。企业管理者首先需要对需求的信息进行汇总，根据他们对市场的了解来尽可能准确地收集需求信息，通过他们的直觉和主观判断来初步分析管理需求波动。为了通过数据得到更加科学的结果，接下来需要进行需求预测。通过适当的需求汇总和需求预测，可以有效地降低需求的不确定性。

（三）需求计划管理的发展

在传统的需求计划管理中，企业通过历史数据、实时订单和行业经验完成了需求信息的汇总。为了更有效地利用企业数据，需求预测也得到了产业界和学术界的高度关注。

在需求信息汇总方面，需求信息管理系统的发展可以分为四个阶段，分别是管理信息系统（Management Information System，MIS）阶段、物料需求计划（Material Requirement Planning，MRP）阶段、制造资源计划（Manufacturing Resource Planning，MRPⅡ）阶段和企业资源计划（Enterprise Resource Planning，ERP）阶段。

在20世纪40年代，由于计算机系统的发展，短时间内对大量数据的复杂运算成为可能，需求信息管理系统进入了MIS阶段，企业的信息管理系统可以记录大量原始数据，支持查询、汇总等方面的工作。到了20世纪60年代，人们为解决订货点法的缺陷，提出了MRP理论，即进入MRP理论阶段。20世纪70年代，产业界提出了闭环MRP，随着人们认识的加深及计算机系统的进一步普及，MRP的理论范畴也得到了发展，为解决采购、库存、生产、销售环节的管理问题，发展了生产能力需求计划、车间作业计划以及采购作业计划理论，人们进入了闭环MRP阶段。在这个阶段，出现了丰田生产方式（看板管理）、全面质量控制（Total Quality Control，TQC）、准时制生产（Just In Time，JIT）以及数控机床等支撑技术。到了20世纪80年代，随着计算机网络技术的发展，企业内部信息得到充分共享，需求信息管理系统的各子系统也得到了统一，形成了集采购、库存、生产、销售、财务、工程技术等于一体的大系统和较为完善的MRPⅡ理论，这一阶段的代表技术是计算机集成制造系统（Computer Integrated Manufacturing System，CIMS）。到了20世纪90年代，随着市场竞争的进一步加剧，企业竞争空间与范围的进一步扩大，MRPⅡ理论中主要面向企业内部资源全面计划管理的思想逐步发展成为怎样有效利用和管理整体资源的管理思想，ERP随之产生。随着ERP不断发展，其依托于计算机技术和供应链管理理论，推动了各类制造业在信息时代管理信息系统的发展变革。

在需求信息预测方面，学术界也做了大量研究。20世纪80年代，企业战略层面和企业职能层面的需求信息预测流程问题被广泛关注，这一概念被称为层次预测问题，它通常包括自下而上和自上而下的预测过程。大多数的研究工作都是比较自下而上和自上而下的预测过程，然后找出其中一个优于另一个的标准。比如，一些研究认为自上而下的预测过程更好，因为它的成本更低，准确性更好。随着时代的发展，经济全球化使得企业间分工更加明确，学者们主要关注根据不同行业特征而提出定制化的预测方法。

二、基于现代信息技术的需求计划管理

（一）基于大数据技术的需求计划管理

1. 对于制造企业而言

在大数据环境下，制造企业能够结合大数据技术自身的优势和特点，通过

供应链上的大数据平台进行需求信息共享，能使传统供应链中出现的因需求信息扭曲或失真所导致的一系列问题得到改观，处于供应链上游的制造企业也能根据最下游企业获得的市场需求信息作出准确的需求预测。此外，通过需求信息的共享，供应链上众多节点企业能够快速地应对市场趋势的变化，提高自身企业的柔性。制造企业基于大数据技术的需求计划管理可以弱化供应链的长鞭效应和双重边际效应。

2.对于服务企业而言

在大数据时代，服务企业可以结合行业特点，通过大数据技术让企业更好地整合多条业务线的不同业务需求，便捷地集成和管理数据，进行海量数据的全面管理和应用，对客户需求进行管理和预测，快速发掘隐藏在数据背后的巨大商业价值。在数字化转型的大时代背景下，大数据和企业业务价值的结合越来越紧密。

（二）基于区块链技术的需求计划管理

在企业内部，区块链技术对需求计划管理的需求信息汇总阶段有着巨大帮助。以ERP系统为例，ERP系统可以被描述为一个整合企业及其资源的系统，以最大限度地利用资源和改进计划。ERP系统改变了企业内部和外部的互动方式，它为不同的企业部门提供了一个公共平台。通过区块链，ERP系统可以在合作伙伴或利益相关者之间形成一个集成的平台，提供不能被操纵或篡改的数据，并对扩展的ERP网络中发生的交易进行审计与跟踪。

企业系统的性能在很大程度上取决于数据的质量，主数据信息的质量应该是最新的、最准确的和最完整的，区块链技术对此有着较好的保证。区块链平台具有与多个企业交互的能力，可以充当集中式存储库。区块链将控制和管理所有节点都可以访问的数据，这将使数据及其所有细节（如特征、描述、技术属性、业务名称等）的集中成为可能，从而保障ERP系统的输入数据准确、可靠。

第二节 供应链采购管理

一、采购管理的定义、内涵和发展

（一）采购管理的定义

一般而言，采购是指企业根据需求获取物料与服务的过程。但在实践中，采购并不仅仅是一个活动，而是一系列活动的过程，它涉及多个部门与实体。荷兰采购管理协会对采购管理的定义是：为使企业的运营、维护、管理的基本活动以及辅助活动居于最佳位置，所必需的从外部获得的所需货物与服务、能力与知识的过程。美国供应管理协会、英国皇家采购与供应学会等组织也对采购管理相关概念给出了不同的定义。

综合来说，采购管理主要是指在保证品质的情况下，企业为满足生产或计划，采用合适的方式、时间、价格，向合适的供应商购买需求数量的物资所进行的一系列有组织的活动的过程。采购是供应链中的一个关键环节，对客户的需求和供给之间的连接起到重要作用。

（二）采购管理的内涵

根据采购管理的定义，采购管理强调以合适的方式、时间、价格，向合适的供应商购买需求数量的物资，其内涵主要聚焦于采购方式和供应商管理两个方面。

在采购方式方面，企业中的采购活动往往会涉及多个不同的部门，是企业同外部供应链相互衔接的重要一环。采购方式按不同的标准可分为不同的类别，常见的采购方式有集中式采购、分散式采购、混合式采购、直接采购、间接采购、招标采购、网络采购,等等。在此主要介绍前三种。集中式采购是指企业设置一个团队对企业内所有采购决策进行集中管理。该方式可以更容易地实现物料采购活动的标准化,方便进行统一采购管理,有利于最大限度地降低企业库存,减少库存积压的资金,从而使企业的成本有效降低。但集中式采购也有采购的流程长、时效性比较差,不能适应零星、地域性紧急采购情况等不足之处。分散式采购是指企业下属的各个单位自行设立采购部门进行采购。分散式采购可以增强基层工作人员的责任感、工作积极性,并且手续简单、直接快速。但是这种采购方式使得权力比较分散,不利于采购成本的降低,容易产生暗箱操作。混合式采购是指企业将集中式采购和分散式采购进行组合,对于价值高或者同质性强的产品集中采购,异质性强的产品分散采购。

在供应商管理方面,采购管理需要针对供应商进行相关操作。第一,尽职调查,定期考察供应商财务的稳健性、业务情况以及法律纠纷情况等,保障企业供应的连续性,控制供应链风险。第二,关系管理,定期审查供应商合同履约情况,分享长期业务目标,双方提供准确、切实的业务数据并及时沟通。第三,持续改进供应商绩效,不断关注供应商的业务能力,可以适当投资、共同改进,及时更换不合格的供应商。

(三)采购管理的发展

在世界经济不断发展的漫长进程中,采购管理不断地发生着变化,采购管理的职能也得到了完善。从总体上来看,采购管理的发展主要经历了传统采购管理时期、协同采购管理时期、战略采购管理时期和智能采购管理时期。

采购管理虽然有着悠久的历史,但是人们真正意识到高效采购的重要性是在20世纪中叶以后。自此,采购策略目标逐渐把采购流程、供需关系与供应表现作为其关注的重要内容。

自21世纪以来,随着供应链管理的提出,带来了采购管理的革命性转变,提高了整个供应链的企业运营效率。与传统采购方式不同,在供应链管理理念下,以采购过程为管理对象,为使采购总成本以及效率达到最优平衡,采购管理将对整个采购过程中的信息流、资金流、物流等进行统一监控与管理。它与传统采购方式的区别主要体现在以下四点。

1. 由库存驱动转变为订单驱动

传统的采购管理方式多是为充实库存而采购，相关部门并不关注生产，也不清楚生产进度以及需求的变化，采购计划很难适应生产需求的变化，在采购流程中缺少能动性。而在供应链管理模式下，订单是采购的主要推动方式，通过采购订单来推动供应商，通过生产订单来推动采购订单，生产订单被销售和计划的需求所驱动。这样使得供应链根据需要及时反映，在库存成本降低的同时要达到提升库存周转率和流动速度的目标。

2. 外部资源管理代替采购管理

传统的采购管理的问题之一就是与供应商缺少合作，导致响应能力低下，缺乏采购的柔性，当然也就无法及时控制采购质量。准时化思想的提出在很大程度上提升了企业的市场响应能力和柔性，与供应商建立合作模式，改变为库存而采购的方式，加强信息与资源的共享与合作，形成网络化的相对稳定的管控架构。这样也配合了精细化加工的需求，接近了零库存目标。最优化的总成本和总效率，一定是将管理对象放在采购流程上。

3. 发展战略性伙伴关系代替一般买卖关系

传统的采购管理方式只是与供应商进行简单买卖，对于整体供应链的全局性和战略性的问题根本无法处理，而建立和发展战略性伙伴关系则是解决这一问题的有效手段。在存货问题上，通过战略性合作共享信息，减少信息的无效或滞后，从而使得采购与决策程序更加清晰。同时，战略性合作还可以有效降低风险，为双方创造便利条件，减少谈判、手续等中间过程增加的成本。另外，战略性伙伴关系也消除了组织障碍，为高效采购及管理创造条件。

4. 采购全面实现电子化

在当今信息化时代，供应链管理也同样强调使用电子技术来实现资源与信息的集成与整合。电子化采购不仅是指企业内部的信息化，也包括企业外部运营的信息化。从内部来看，企业的信息化不但可以加强采购部门与相关部门的密切联系，而且能够加强信息的共享与传递，提高效率，减少运作成本。从外部来看，企业的信息化可以使企业与外部供应商无缝衔接，进而使企业可以得到更多的供应商的产品及供货信息，使供应商能够迅速响应需求，安排生产与发货，也使整体供应链的效率和采购的响应得到有效提升。

二、基于现代信息技术的采购管理

（一）基于大数据技术的采购管理

传统采购管理模式的主要缺点是缺乏必要的监督和控制机制，容易带来不必要的库存积压和大量的应付账款；业务信息共享程度低，业务的可塑性弱，出现了问题很难迅速解决，人员的岗位变动对业务的影响很大；对采购环节的控制往往是事后控制，容易对企业造成不必要的损失。

在大数据技术的帮助下，采购业务活动变成了现代化智能采购，其优势包括：一是采购信息更为准确、全面，方便管理层决策；二是采购过程更为公平、公正，提高了采购透明度，减少腐败；三是采购流程业务精简，节约时间成本；四是可以提高采购工作人员的技术水平，增强企业的核心竞争力。由于这些优势，现代化智能采购管理在决策方式、销售预测和定价三个方面都发生了显著的变化。

在采购管理决策方面，决策方式由业务驱动转变为数据驱动。随着现代信息技术的创新和普及，各种统计数据、交易数据、交互数据和传感数据不断从各行各业迅速生成，种类广泛，数量庞大。产生和更新速度加快，使大数据蕴含着前所未有的社会价值和商业价值，数据成为企业采购能力指标的重要部分。企业通过收集和分析大量内部和外部的数据，获取有价值的信息，通过挖掘这些信息可以预测市场需求，最终可以将信息优势转为商业优势，进行更加智能化的决策分析和判断。

在销售预测方面，大数据技术下的采购管理是根据销售预测安排采购运营的，利用大数据技术和平台可以与供应商实时共享信息和数据，供应商通过实时掌握企业的库存、销售预测及采购需求去合理安排生产及供应，这样可以大大降低库存量和库存成本,从而提高库存周转率。另外,在此基础上,企业还可以根据实时库存信息来合理、适时地安排促销活动,从而达到减少库存量、提高库存周转率的目的。

在定价方面,企业可以在与供应商议价的时候获得更优的定价,使收益最大化。在对顾客需求及顾客购买的历史数据基础上进行数据分析,以便在采购时能以最低的成本来购买最合适的量,进而达到收益最大化。

(二)基于区块链技术的采购管理

区块链技术在采购业务的一大应用体现在开放式联合和可靠的交易记录功能上。基于信任的商业交易,可充分保障采购企业利益,帮助企业实现采购去中心化和直通式处理,提升采购效率,也可及时发现采购交易问题。在企业采购中,常常会遇到一些管理问题,如采购招标投标流程透明化、审计追踪、财务汇总记录与分析、采购订单的进度跟进等问题。针对这些采购问题,开放式联合和可靠的交易记录功能的优越性就显得尤为突出。这主要基于企业采购具有大数额、采购周期长等特点。如果无法有效追踪交易记录,中途无法及时止损或者调整,就会给企业造成不可挽回的经济损失。

第三节 供应链生产管理

一、生产管理的定义和内涵

(一)生产管理的定义

生产管理是对企业生产系统的设置和运行的各项管理工作的总称,又称生产控制。其内容包括以下四个方面。

(1)生产组织工作,即选择厂址、布置工厂、组织生产线、实行劳动定额、组建劳动部门、设置生产管理系统等。

（2）生产计划工作，即编制生产计划、生产技术准备计划和生产作业计划等。

（3）生产控制工作，即控制生产进度、生产库存、生产质量和生产成本等。

（4）保证按期交付正常，根据生产计划安排，保证客户产品正常交付，并对客户产品交付的异常情况进行及时有效的处理等。

（二）生产管理的内涵

作为企业管理的一个职能领域，生产管理既是对企业提供主要产品或服务的系统进行的设计、评估和改进过程的管理，又是对生产运作系统的设计、运行与维护过程的管理。传统的生产管理多以工业制造企业为研究对象，其关注点主要是一个生产系统内部的计划和控制，一般称为狭义的生产管理，其内容主要是关于生产的日程管理和在制品管理。如今，生产管理的内涵和外延大大扩展了，它将有投入、转换、产出活动的组织都纳入其研究范围，不仅包括工业制造企业，而且包括社会公益组织及政府机构。不仅如此，现代生产管理的范围也不再局限于生产过程的计划、组织与控制，还包括运作战略的制定、运作系统的设计、运作系统的运行等多个层次的内容。

二、基于现代信息技术的生产管理

（一）基于5G技术的生产管理

基于5G技术的现代化智能生产可以提高制造系统的数据传输能力和数据处理效率，最大化地发挥新兴技术的驱动作用。5G技术支撑的现代化智能生产需要结合其他新技术，从而发挥5G技术应用的价值。

1.物联网技术

随着企业生产智能化转型的推进，物联网技术作为连接人、机器和设备的关键支撑技术，正受到企业的高度关注。这种需求在推动物联网应用落地的同时，也极大地刺激了5G技术的发展。面对复杂的工业互联需求，5G技术可以适应不同的工业场景，能满足物联网的绝大部分连接需求。因此，5G技术与物联网技术形成了相互协作、相辅相成的关系，物联网的应用落地依赖于5G技术提供不同场景的无线连接方案，而5G技术标准的成熟也需要物联网应用需求的刺激和推动。在推动物联网落地的过程中，5G技术能分别满足不同的功能应用需求，以支撑起远程视频监控、视频会议等应用场景，满足大量低功耗嵌入式终端的数据链接与传输需求，支撑工业自动化控制过程中系统和设备对数据传输的实时性的诸多指标和要求。

2. 自动化控制技术

自动化控制技术是制造企业中最基础的应用，其核心是闭环控制系统。在该系统的控制周期内每个传感器进行连续测量，测量数据传输给控制器以设定执行器。典型的闭环控制过程周期低至毫秒级别，所以，系统通信的时延只有达到毫秒级别甚至更低，才能保证控制系统实现精确控制，同时对可靠性也有极高的要求。如果在生产过程中由于时延过长，或者控制信息在数据传送时发生错误，则可能导致生产停机，会造成巨大的财务损失。5G技术可以提供极低时延、高可靠性、海量连接的网络，使得闭环控制应用通过无线网络连接成为可能。

3. 增强现实技术

在未来智能工厂生产过程中，人将发挥更重要的作用。然而，由于未来工厂具有高度的灵活性和多功能性，这将对工厂车间工作人员有更高的要求。为快速满足新任务和生产活动的需求，提升增强现实（Augmented Reality，AR）技术至关重要，而5G技术可为AR技术提供高效的数据传送能力和广阔的网络延展能力。基于5G技术的AR技术在智能制造过程中可用于监控场景和生产场景。在监控场景中，生产任务可以被分步指引，如手动装配的过程指导；在生产场景中，可以获得远程专家的业务支撑，如远程维护。

在这些应用中，AR设备需要具备灵活性和轻便性，以便维护工作高效开展。因此，需要将设备信息处理功能上移到云端。基于5G技术的AR设备具备连接和显示的功能，AR设备和云端通过无线网络连接，实时获取必要的信息，如生产环境数据、生产设备数据、故障处理指导信息等。

（二）基于3D打印技术的生产管理

3D打印技术即快速成型技术的一种，是一种以数字模型文件为基础、运用粉末状金属或塑料等可黏合材料、通过逐层堆积的方式来构造物体的技术。

基于3D打印技术的现代化智能生产管理区别于传统生产管理，它打破了产品生产到消费的空间距离，可以直接在需要消费的场景按需精准生产。3D打印技术与普通打印工作原理基本相同，打印机内装有液体或粉末等"打印材料"，与计算机连接后，通过计算机控制把"打印材料"一层层叠加起来，最终把计算机上的蓝图变成实物。

3D打印技术在制造业中得到了广泛的应用。首先，3D打印技术在原型制造方面具有巨大的优势。传统制造过程中制造一个产品的原型往往需要耗费大量的时间和物料，而且存在制作周期长、制造成本高的问题，而采用3D打印技术只需要将产品的设计模型输入到打印机中，即可快速制造出与设计模型完全一致的原型，这大大缩短了原型制造周期，降低了成本，提高了生产效率。其次，3D打印技术在定制化生产方面具有独特优势。在传统制造过程中，由于生产模具的制作费用较高，通常不适用于小批量定制生产。但是，3D打印技术可以根据客户需求直接打印产品，因此可以灵活应对小批量、多样化的定制需求，这为制造业提供了更大的市场空间和商机。最后，3D打印技术在生产效率方面有着巨大的提升潜力。在传统制造过程中，每一件产品都需要烦琐的加工和组装过程，而3D打印技术可以一次性打印出整体产品，大大提高了生产效率，这对于制造业而言意味着可以更快速地响应市场需求，降低生产成本，提高生产效率。

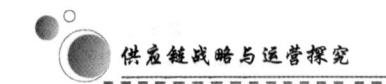

第四节　供应链配送管理

一、配送管理的定义、内涵和发展

（一）配送管理的定义

配送是指从供应链的供应商到客户阶段，运输和存储产品所采取的步骤，是影响供应链成本与企业效益的重要因素之一。按照我国国家标准《物流术语》（GB/T 18354—2021）的定义，配送是指根据客户要求，对物品进行分类、拣选、集货、包装、组配等作业，并按时送达指定地点的物流活动。

（二）配送管理的内涵

从配送的定义延伸，配送管理具体将解决配送运作中的瓶颈问题，如库存管理与控制、车辆调度、协同配送、配送信息化、配送模式选择等。在现代物流中，物流配送中心起着决定性作用。一个企业的好坏首先是看其物流配送中心是否能把各项资源联系在一起。对此，要想加强企业与客户、供应商之间的联系，就要高度重视物流配送中心，它是提高市场竞争力的关键因素。只有解决好物流配送中心的一系列问题，才能提升库存周转率、加快商品流通率、减少投资成本等，为企业物流配送及物流配送中心的发展奠定坚实的基础。

（三）配送管理的发展

配送管理自20世纪60年代起步，到20世纪80年代进一步发展成熟，目前已经基本形成了比较完善的配送网络与成熟的配送模式。随着经济的发展，我国物流配送快速发展，配送的整体规模不断扩大，部分商品形成各自的配送网络（如食品网络、邮政网络等），服务于国际贸易的多式联运网络初步形成，但在配送的集约化、网络间的协同等方面有待提高。

关于配送管理仍存在一系列挑战性的问题。首先，决策问题与必须考虑的因素较为复杂，既有战略层面的设施选址问题、运作层面的路径优化问题，也有运营组织方面的问题，还有决策中涉及利益主体、多重目标的协调问题，这都增加了模型构建与求解的难度。其次，配送管理与经济环境、企业运作模式密切相关，难以找到普遍适用的方法，如我国面临的电子商务配送问题、城市配送问题，不能单纯套用国外以往的经验与方法解决。最后，经济、社会和环境的变化对配送不断提出新的要求，如配送系统的可持续发展与绿色运营、配送网络的整合、不确定条件下配送网络规划与管理等问题。尽管存在上述挑战，但应用领域对配送的需求仍推动着相关研究不断前进和发展，配送管理已经成为物流与供应链中研究最广泛的领域之一。

二、基于现代信息技术的配送管理

（一）基于物联网技术的配送管理

在物联网的诸多应用中，配送系统是非常重要的一个环节，地理信息系统（Geographic Information System，GIS）、全球定位系统（Global Positioning System，GPS）和无线网络通信技术的出现使物流配送朝着智能化方向发展，其建设的目标就是以利用高新科技手段实现智能物流为核心，大大加快货物在物流过程中的流通速度，减少人工操作失误，降低管理成本，达到全局资源利用最大化、整个链条集约化，以及工作最大限度的自动化、最优化、简易化。

基于物联网的现代化智能配送管理的技术内容主要包括数据采集、数据传输和物流配送服务管理三个部分。

在数据采集中，通过GRPS/GSM（General Packet Radio Service，通用分组无线业务；Global System for Mobile Communications，全球移动通信系统）、GPS、传感器和读卡器等物联网专用设备进行大规模的数据采集，保证配送状态的全面体现。

在数据传输中，无线传感器网络（Wireless Sensor Networks，WSN）、互联网和计算机发挥着枢纽作用，通过各个节点、网关和GRPS终端完成数据的传导。

在物流配送服务管理中，数据中心服务器是管理系统的大脑，连接和指挥配送业务中心与配送业务模块，配送业务中心是宏观把控系统，而配送业务模块是微观把控系统。

此外，从具体模式来看，物联网技术主要从配送监测和智能交付两个方面促进了现代化智能配送的发展。首先，利用物联网技术，通过物流车辆管理系统对运输的车辆以及货物进行实时监控，可完成车辆及货物的实时定位跟踪，监测货物的状态及温湿度情况，同时监测运输车辆的胎温胎压、油量油耗、车速、刹车次数等。在货物运输过程中，将货物、司机、车辆驾驶情况等信息高效地结合起来，提高运输效率、降低运输成本、减少货物损耗，了解运输过程中的一切情况。其次，基于智能柜的智能交付也是现代化智能配送的新模式。基于物联网技术，智能柜能够对物体进行识别、存储、监控和管理，与PC（Personal Computer，个人电脑）服务端一起构成智能快递投递系统。PC服务端能够处理智能快递终端采集到的信息数据，并在数据后台实时更新，方便使用人员进行快递查询、快递调配、快递终端维护等操作。快递员将快件送达指定地点后将其存入快递终端后，智能系统可以自动为用户发送一条短信，包括取件地址、验证码等，用户可在一定的时间内随时去智能柜取货物，简单、快捷地完成取件服务。

（二）基于大数据技术的配送管理

随着大数据技术不断成熟，现代化智能配送也越来越被产业界强调，基于大数据技术的现代化智能配送管理不仅涉及终端配送，也涉及各类分拨中心的业务调度。

一方面，为了合理规划物资的供应链配送路线，最大化地节约资源、提高配送效率，物流服务提供商需要根据实际情况，适时地调整送货计划。为了及时了解物资以及客户需求，需要利用大数据技术，分析相关数据信息，利用先进的智慧算法，得出合理的分析结果，完成物资的供应链规划，以便得出合理的配送调度方案。多家网络平台通过建设大数据物流协同平台，以数据为核心，通过社会化协同，打通了覆盖跨境物流、快递、农村物流的全网物流链路。

另一方面，基于大数据的现代化智能配送管理也涉及各类分拨中心的业务调度。首先，在调度方面，大数据技术的使用能够实现全流程的可视化，做到及时监控、及时调整，大幅提升了配送系统的灵活性、准确性和智能性；其次，在配送预测方面，大数据技术的使用能够通过算法和数据工具进行销售规划，无缝对接供应链生产备货计划，并对营销人员统一管控，对货物备货分仓进行优化，及时将热销产品提前下沉到渠道末端仓库，缓解配送压力。

第五节 供应链退货管理

一、退货管理的定义、内涵和发展

（一）退货管理的定义

退货物流是指把已购买的或已销售的商品退回卖家或销售商时所引发的一系列运输、验收、仓储等物流活动。它可能是生产商在验收不合格原材料和零部件时发生的退货，也可能是电子商务领域买家对产品不满意或产品存在瑕疵时与卖家沟通一致达成的退货。从物品流动的方向上来看，退货物流是销售物流的逆向运动。

（二）退货管理的内涵

对于退货管理，其核心目标是提升客户满意度。在完成退货流程之后，通过复盘退货原因，及时改进产品和服务，进一步提高产品质量和服务效果，降低退货率。

退货管理中必须把握两个要点，即退货的归因准确和退货的及时高效。

首先是退货的归因准确。管理者应当准确划分退货原因，从而避免不必要的退货和避免增加不必要的退货成本。通常发生退货的原因主要有六种。一是依照协议退货。例如，对超市与配送中心订有特别协议的季节性商品、试销商品、代销商品等，协议期满后的剩余商品，配送中心应给予退回。二是有质量问题的退货。例如，对质量不合格的商品，配送中心应给予退回。三是搬运途中损坏退货。例如，由于包装不良，货物在搬运中受到剧烈震动，造成产品破损或包装污损的商品，配送中心应给予退回。四是商品过期退回。例如，一般的食品都有相应的有效期，通常配送中心与供应商会有关于商品的保质期或有效期一过就予以退货或换货的协议。五是次品回收。例如，产品在设计、制造过程中存在问题，但在销售后才被消费者或厂商发现，存有重大缺陷的商品，必须立即部分收回或全部收回。此种情况虽不常发生，却是不可避免的。六是商品送错退回。例如，由于商家送货信息出错或者物流商调度出现问题导致商品错发，此时也需要启动退回流程。

其次是退货的及时高效。确定好退货的原因后，需要确定产生问题的责任人，判断是制造时出现的问题、是配送中心在配送时产生的问题，还是客户在使用时产生的问题，从而制订出最佳的解决方案，满足及时高效的要求。追求及时高效的同时也需要控制企业成本，因为商品的退货要消耗企业大量的人力、物力、财力。因此，企业应尽可能地减少退货的发生。

（三）退货管理的发展

在现代社会，美国是最早实践退货管理的国家之一。20世纪60年代的美国直销行业发展迅猛，直销企业工作人员多采用上门推销的营销手段。但是，在直销推动美国经济快速发展的同时，越来越多的消费者因推销人员言过其实、夸大其词的推销而购买了自己并不需要甚至质量并不过关的商品。在这种背景下，美国立法规定，消费者在三天内可以无条件行使退款的权利。

随着互联网的普及，在线购物的退货管理被产业界高度重视。在网上进行商品销售的商家数量越来越多，竞争越发激烈，但发展的机会往往伴随着问题的出现。因为网络上仅有所购商品的图片和文字，消费者并未接触到实物，所以容易出现虚假宣传，品质得不到保障；所购商品现实感知的天然缺陷容易使消费者产生预期差异，导致退货现象居高不下，从而对商家的经营决策和管理决策产生影响。退货问题的正确处理对商家和消费者都具有非常重要的意义。《中华人民共和国消费者权益保护法》第二十五条规定:"经营者采用网络、电视、电话、邮购等方式销售商品,消费者有权自收到商品之日起七日内退货,且无需说明理由,但下列商品除外:(一)消费者定作的;(二)鲜活易腐的;(三)在线下载或者消费者拆封的音像制品、计算机软件等数字化商品;(四)交付的报纸、期刊。除前款所列商品外,其他根据商品性质并经消费者在购买时确认不宜退货的商品,不适用无理由退货。消费者退货的商品应当完好。经营者应当自收到退回商品之日起七日内返还消费者支付的商品价款。退回商品的运费由消费者承担;经营者和消费者另有约定的,按照约定。"

二、基于现代信息技术的退货管理

(一)基于人工智能技术的退货管理

人工智能技术可以帮助消费者在线购买产品,也有助于企业进行退货管理。基于人工智能技术的现代化智能退货管理的优势主要有两个方面。

第一,高效智能的退货全流程服务与及时服务。基于人工智能技术的智能客服机器人能够进行智能回复以及引导消费者自助服务。智能客服机器人拥有强大的知识库与自主学习能力,在不断接待访客的过程中也能实现问题积累。因此,智能客服机器人可以帮助消费者处理退货,提高解决问题的效率。同时,智能客服机器人可以实现消费者服务的连续性,及时回复消费者问题来提升其购买体验。一般而言,智能客服机器人自动回复的时间通常都不会超过一秒,极大地保障了回复客户的响应效率。智能客服机器人还能够实现7×24小时全天候的接待工作,即使在非工作时间,来访消费者也都能获得客户服务。

第二,售前预防。以服装企业为例,虚拟试衣技术和智能推荐代理这两种人工智能技术的售前应用有利于减少退货。首先,为了降低网上服装销售因为匹配导致的不确定性,虚拟试衣技术可以让消费者提前了解不同服装搭配的效果,同时,帮助卖家快速、准确地分析消费者的服装偏好,以增加购买的可能性、降低退货的可能性。其次,使用数据驱动的推荐算法,可以根据消费者以往的购买记录和偏好分析,向其推荐更符合其偏好的产品,进而降低退货率,为在线零售商带来利润增长。

(二)基于区块链技术的退货管理

相比于传统的退货管理,基于区块链技术的现代化智能退货管理可以极大地保证退货过程的透明程度。通过区块链技术,不仅可以查明商品的位置,还可以追溯商品的真伪,防止不法分子利用退货政策调包商品。基于区块链技术的现代化智能退货系统拥有区块链的所有优点,即去中心化记账、开放性高、安全性强、匿名性等。其中,去中心化记账不依赖第三方管理机构或硬件设施,保障了现代化智能退货系统各个节点能够实现信息自我验证、传递和管理。开放性高是指除了交易各方的私有信息被加密外,现代化智能退货系统的数据对所有人开放,任何人都可以通过公开的接口查询区块链数据和开发相关应用,因此,整个系统信息高度透明。安全性强也是区块链技术给现代化智能退货系统带来的好处,只要不能掌控全部数据节点的51%,就无法肆意操控或修改网络数据,这使现代化智能退货系统本身变得相对安全,避免了主观人为的数据变更。匿名性对现代化智能退货帮助也比较大。匿名性是指除非有法律规范要求,单从技术上来讲,各区块节点的身份信息不需要公开或验证,信息传递可以匿名进行,这样的特性使得消费者和商家在互相信任、高效完成退货流程的同时能够有效地保证自己的私人信息不被泄露。

基于区块链技术的现代化智能退货系统主体是区块链系统,它又连接物流退货信息系统。物流退货信息系统包括物流及用户信息管理系统、物流退货管理系统、退货处理系统和数据统计系统等。基于区块链技术的现代化智能退货系统能够提升退货数据的传输与处理效率,完善的消费者信息与退货标准可以有效避免消费者与商家之间因退货不合标准而产生的矛盾,简化退货的流程,使得退货的流程更加高效、规范,有效避免了消费者提供虚假信息而强行退货或商家违反退货规则不负责任而逃避退货的现象。

第五章

供应链运营管理创新的研究

第一节 供应链管理与大数据时代

一、大数据时代来临

从20世纪80年代起,世界上存储信息的技术能力大约每隔40个月翻一倍。20世纪90年代后期,大数据的概念开始出现在科学研究中。比如,在气象学家进行天气图示、物理学家建立大型模拟模型以及生物学家绘制基因图谱时,已无法再采用传统的技术手段;面对数据采集、存储、搜索、共享和分析方面的难题,科学家们引入了大数据技术,以便从巨量的数据集中挖掘出有价值的信息。自21世纪以来,大数据技术被电子商务和电讯巨头所运用,因为传统的方法已经解决不了它们的业务问题。比如,网络搜索中涉及的数据不仅数量大、更新速度快、多样化程度高,而且常常是不完整和不可得的,需要以新的预测性分析形式进行推断。因此,处理大数据的新技术和新架构不断涌现。

随着互联网特别是移动互联网的发展,各类数据加速向社会经济各方面和大众日常生活渗透。有资料显示,1998年,全球网民平均每月使用流量是1MB(兆字节),2000年是10MB,2003年是100MB,2008年是1GB(1GB等于

1024MB），2016年约是32.3GB。全网流量累计达到1EB（即10亿GB）的时间在2001年是一年，在2004年是一个月，在2007年是一周，而在2013年仅需一天，即一天产生的信息量可刻满1.88亿张DVD光盘。我国网民数居世界之首，每天产生的数据量也位于世界前列。网络的发展带来以物联网和家电为代表的联网设备数量飞速增长。随着技术的发展，人均网络接入带宽和流量也迅速提升。全球新产生数据年增40%，即信息总量每两年就可以翻番，这一趋势还将持续。目前，单一数据集容量超过几十TB甚至数PB已不罕见，其规模大到无法在容许的时间内用常规软件工具对其内容进行抓取、管理和处理，大数据技术的应用日益普及。

数据规模越大，处理的难度也越大，但对其进行挖掘可能得到的价值更大。比如，网民在网上产生的海量数据，记录着他们的思想、行为以至情感，这是信息时代现实社会与网络空间深度融合的产物，蕴含着丰富的内涵和很多规律性信息。根据统计，截至2023年6月，我国网民规模达10.79亿，手机网民规模已突破10亿。通过分析相关数据，可以了解大众需求、诉求和意见。又如，医院、学校和银行等会收集和存储大量信息；政府可以部署传感器等感知单元，收集环境和社会管理所需的信息；倘若能够更有效地组织和使用这些数据，将会更好地发挥科学技术对人类发展的推动作用。总之，大数据存在于当今社会的方方面面，大数据时代已经到来。

二、大数据催生供应链管理变革

对大多数供应链管理者来说，大数据目前还是一个较新的概念。

传统的供应链管理信息系统经过多年的发展，已经形成功能完备、实施便捷的软件包，并在许多企业的全球运作中得到应用。这些系统都是用事务性数据来改进供应链的响应性，基础是订单和发货数据，主要用于三大供应链管理软件系统——企业资源计划（ERP）系统、高级计划与排程（Advanced Planning and Scheduling，APS）系统和供应链执行（Supply Chain Execution，SCE）系统。ERP系统源于改进从订单到货款的功能以及从采购到支付的功能，并维持财务会计账号的统一管理；与此相似，APS系统通过将预测性分析运用于订单和发货数据来计划与改进供应链的响应性；SCE系统则用于改进企业从订单到发货的能力。

由于这些软件系统能够较好地满足供应链管理的需要，因而供应链管理者一直是用老系统来解决新问题。直到他们在试图用新的数据形式解决全新的问题时，才感到传统供应链管理信息系统已不再能适应这样的要求。于是，大数据的概念被逐步引入，用于寻求改进供应链及其管理绩效的新途径，主要体现在以下六个方面。

（一）通过高级分析来预知供应链运作状态

传统的业务分析是用于回答供应链管理者较为确切的问题。但是如果一个问题对企业很重要，而管理者不知道去问怎么办？比如，当企业设立减轻供应链风险的战略时，一个重要的问题是：企业需要花多长时间来获知其产品和服务在市场上出现差错？这就需要诸如文本挖掘和基于准则的本体等大数据技术，来帮助企业建立聆听能力，以尽早获知和尽快减轻供应链风险。

（二）以多种形式获取市场反应

当今的技术使企业能够以评级与评审、交互平台评论和社交媒体反馈等形式来了解客户并直接得到反馈，这些数据的形式大多数是非结构的。当数字化营销变成数字化业务时，企业会寻求跨职能部门来倾听客户意见，并利用高级分析从外部来测试和了解市场反应。据统计，不到3%的供应链管理者可以有效地倾听社交性数据，并在跨职能部门间加以运用，以理解客户意见。对大多数企业来说，社交性数据只限于数字化营销团队掌握。

（三）实时感应需求与供应变化

传统供应链通常是对历史的而不是当前的市场作出响应，因而常常是不及时和不恰当的。所以，传统供应链不能很好地感应需求或供应的变化。当企业成熟时，会很快认识到单纯依靠订单和发货数据将增加对市场变化的响应时间，导致延迟，从而使供应链处于不利的境地。

（四）增强供应链的灵活性

目前的供应链大都是刚性的，灵活性不强，通常只是基于平均值和简单的"if-then-else"逻辑来作出响应。所以供应链管理者一直在寻求方法使其系统更具灵活性，但却未能找到有效的途径。于是他们开始转向基于准则的本体等新型预测性分析方法，通过学习系统来图示"多if到多then"。新型模式识别、优化与学习系统的结合，增强了企业的供应链灵活性。

（五）提高配送产品的安全性

在冷链产品的配送过程中，其温度的控制建立在大量数据的基础之上。当传感器改进后，数据的数量和传输速度都得到提高。射频识别（Radio Frequency Identification，RFID）传感器传送大量的数据，需要新型识别技术来更好地感应和响应。因此，大数据技术在冷链管理中应用的时机已经成熟。

（六）驱动新的供应链渠道

当企业重新考虑供应链渠道时，各种新技术的结合带来了新的机会。这种新的供应链渠道在不同行业有不同的称谓。比如，在零售行业被称为全渠道，在消费品行业则被称为数字化采购途径。对零售商和消费品企业而言，它们的决策基于货架，但它们每天能看到和响应的数据却局限于各自的企业。这就驱动了一个流程的重新设计，也就是将流程从由内到外（从企业出发）改为由外到内（从渠道出发）。大数据及大数据技术的出现，使这一设想变成现实。

第二节　供应链大数据与大数据技术

一、供应链大数据

在当今不进则退的竞争激烈的市场中，大数据像一把"双刃剑"，在给供应链改善带来巨大机遇的同时，由移动装置、社交媒体、感应器等相结合所形成的数据爆炸，也在数量（Volume）、速度（Velocity）和多样化（Variety）三个方面给供应链管理技术带来前所未有的挑战。

在数量方面，RFID标签、传感器、二维码以及GPS装置的使用显著增长，由此产生的供应链数据将会成倍超出人们的预期。数据在多个系统和不同的来源之间流动，因而通常是容易出错和不完整的，因此处理如此海量的数据是一大挑战。

在速度方面，供应链环境已经高度动态化和多变化，由意外事件引发的供应链运行变化必须得到及时的处理，以免造成不必要的损失，因而应对这样的数据速度非常困难。优化决策必须迅速作出，缩短处理时间是成功运作的关键，而这些都是传统供应链管理信息系统所不具备的。

在多样化方面，在供应链中，数据以多种形式生成，包括事务性、时段性的结构化数据，社交性、渠道性的非结构化数据，温度、RFID、二维码、GPS等感应数据，以及图示、录像、声音、数字图像等新类型数据，处理如此多样、混杂的数据集，无疑是许多企业的难题。

对许多供应链管理者来说，新型数据特别是非结构化数据无异于无用数据，因为传统的供应链管理信息系统难以对这些数据进行有效的分析处理，但其中包含的信息其实非常重要且丰富。随着供应链变得越来越复杂，以及供应链管理的要求越来越高，新型的大数据与传统数据在分析环境上的差异性会越来越大，最终需要借助新型的大数据技术在供应链管理中加以处理和采用。

二、供应链大数据技术

为应对大数据的挑战，一系列技术和方法被开发或改造出来，用于大数据的采集、处理、分析和可视化呈现，这些技术和方法主要来源于统计学、计算机科学、应用数学和经济学等领域。这意味着一个试图从大数据中提取价值的企业需要采用灵活的、多领域的方法。这些技术和方法有的是在传统数据时代开发的，但成功地被改造以适应大数据的需要；有的则是近年来专为从大数据中获取价值而开发的。

供应链管理中常用的大数据技术与方法包括以下几种。

（一）众包

众包是指通过网络媒介选取大众所提交信息的数据收集方法。在大数据众包模式中，企业可能把数据收集任务分配给那些不管世界上任何地方只要能够上网的人员，由这些众包的人员执行数据录入、清除和验证等操作，从而可以快速、高品质、低成本地完成任务。该方法通常用于收集市场反应，以更好地感知供求变化，提高供应链的灵活性。

（二）流处理

流处理是设计用于处理大量实时事件数据流的技术。由于数据的价值会随着时间的流逝而降低，所以数据出现后必须尽快对其进行处理，而不是积累。流处理基于事件机制，通过流引擎对数据流实时到达、实时处理，因此具备低延迟、高可靠性和容错能力，可用于供应链事件管理，以实现供应链全程的实时监控。

（三）数据提取

数据提取是用于从外部来源提取数据，并将其转换以适应运作需要，然后载入数据库或数据仓库的软件工具。数据提取负责将分布的、异构数据源中的数据，如关系数据、平面数据文件等提取到临时中间层后进行清洗、转换、集成，最后载入数据库或数据仓库中，成为联机分析处理、数据挖掘的基础。

（四）数据挖掘

数据挖掘是指通过统计学与机器学习等方法，结合数据库管理，从大量的数据中自动搜索隐藏于其中的有着特殊关系的信息的过程。数据挖掘通过关联规则学习、集群分析、分类和回归诸多方法来实现上述目标，常用于挖掘客户数据，以分析客户的购买行为模式，确定细分市场等。

（五）数据整合

数据整合是整合和分析多个来源数据的一种方法，目的是使其如同单一来源数据一样，能够更加准确、高效地找出内在本质。例如，信号处理方法能够用于物联网感应数据的整合；而来自社交媒体的数据，经过自然语言处理分析，再与实时销售数据相结合，就可以确定营销攻势对客户购买行为的影响。

（六）商业智能

商业智能是报告、分析和提交数据的应用软件。商业智能工具常用于阅读已存放于数据仓库或数据超市的数据,也用于制作定期提交的标准报告,或用于显示实时管理仪表盘上的信息,如供应链绩效管理指标。

(七)云计算

云计算是一种基于互联网的计算方式。通过这种方式,共享的软硬件资源和信息可以按需求提供给计算机和其他设备。云计算描述了一种基于互联网的新的IT服务增加、使用和交付模式,通常涉及通过互联网来提供动态易扩展且经常是虚拟化的资源。云计算是目前解决大数据问题最重要的有效手段,它提供了基础架构平台,大数据应用在这个平台上运行。

(八)网络分析

网络分析是一套用于描述图形或网络中离散节点之间关系特征的方法。例如,在社交网络分析中,将分析一个社区或组织内个人之间的联系,包括信息是怎样传递的,谁对他们最有影响力。该方法常用于识别关键意见领袖以作为营销目标,或识别企业信息流动的瓶颈环节。

(九)预测性建模

预测性建模是一套通过数学模型来最佳预测产出可能性的方法。例如,在客户关系管理中常用预测性建模来估算客户将改变提供商的可能性,或者能够交叉销售另一个产品的可能性。

(十)观点分析

观点分析运用各种分析方法来识别和提取数据源中的主观信息,这些分析中的关键方面包括识别表达观点的特征,决定立场类型(如支持、反对和中立)以及观点的强度。例如,企业常通过观点分析来分析社交媒体(如微信、微博和社交网络)以决定不同的客户群体和利益相关方对其产品或措施的反应。

(十一)可视化呈现

可视化呈现是通过制作图像、图表或动画来沟通、理解和改进大数据分析结果的方法。常用的如标签云、聚类函数图、历史流、空间信息流等。

第三节　大数据对改进供应链管理的作用

一、运用大数据改进制造商供应链

大数据可以使制造商通过更精准的产品定位和更有效的促销与配送来进一步提高设计和生产的效率、改进产品质量,以更好地满足客户需求。例如,大数据能帮助企业减少产品研发时间,通过模拟和测试可以在生产前减少产品瑕疵,使用实时数据能够使企业更好地管理全球供应链的需求计划,减少生产中的返工与售后的退货等。总之,大数据为制造商提供了延伸产业链、优化供应链、改进价值链的方法,使企业能够以创新的、更加精确的方式来满足客户需求,如基于客户数据进行协同产品开发等。

(一)制造商可以借助大数据来提升效率

随着制造业采购、生产和销售的日益全球化,制造商需要组织和管理全球供应链以获得成本与市场竞争优势。先进的制造商也会有众多的供应商,各供应商专注于生产专门的零部件,以确保其成本和质量的优势。

为了在全球化背景下继续获得生产率的高水平增长,制造商需要借助大量数据来提升整个供应链的效率,以设计和销售更高质量的产品。实际上,制造商已经拥有大量的数字化数据并运用于工作之中。根据相关研究报告,制造业是存储数据最多的行业。制造业的数据有多个来源,从仪表化生产设备(流程控制),到供应链管理系统,再到已售出产品的绩效监测系统,都会产生大量的数据。

随着大数据时代的来临,制造业产生数据的数量将会持续以指数方式增长。制造商开始将不同系统的数据结合在一起,如计算机辅助设计、计算机辅助工程、计算机辅助制造、协同产品研发管理、数字化制造以及跨越企业边界的供应链端到端数据等。

（二）制造商可以在整个价值链上运用大数据

根据相关研究，大数据可以从多个方面改进制造商的绩效，并影响从研发设计、供应链管理、生产一直到市场营销和售后服务的整个价值链。

1. 研发设计

大数据能使企业有机会加快产品研发，帮助设计师基于具体的输入以及使生产成本最小化的设计来获得产品最重要和最有价值的特征，通过开放、创新等方法来降低研发成本。

（1）产品生命周期管理。几十年来，制造商一直通过实施信息系统来管理产品生命周期，包括计算机辅助设计、工程、制造，产品研发管理工具，以及数字化制造等。然而，这些系统产生的大量数据却只能局限在各自的系统内。因此，制造商可以抓住大数据创造价值的机会，通过构建产品生命周期管理（Product Life-Cycle Management，PLM）平台，将多个信息系统的数据整合在一起，以便实现有效、持续的协同。例如，PLM能够提供共同创造平台，将企业内部和外部的输入结合在一起来创造新的产品。这在航空航天等领域特别适用，因为一个新产品往往需要全球数百个供应商的成百上千的零部件来装配，这种情形下原始设备制造商（OEM）与供应商共同创造设计就特别有价值。PLM平台也十分有助于在设计阶段进行试验，设计师和制造工程师能够通过平台快速地共享数据，并方便地生成模拟来测试不同的设计、不同的零部件和供应商选择以及相关的制造成本。这一功能非常有用，因为设计阶段的决策往往决定制造成本的80%。

（2）开放创新。为推动创新以开发产品满足新的客户需求，制造商越来越依靠来自创新渠道的外部输入。随着Web2.0的兴起，一些制造商邀请外部利益相关方基于网络平台提交创意，甚至进行协同产品开发。许多消费品制造企业在开发新产品时，不仅征求消费者的创意，而且和外部学术与产业研究专家进行协同。企业新产品中包含源自企业外部元素比例的提高、研发生产率的提高、研发成本占销售额的比例的降低，与这些开放创新方法的成功相辅相成。如何以高效的方式从这些项目产生的潜在的大量输入中提取真正有价值的创意,正是大数据技术如自动算法等所能解决的难题。

借助大数据的开放创新已经延伸到高端制造业。比如,宝马(BMW)公司构建了创意管理系统,以帮助评估来自虚拟创新机构提交的创意。这可以将识别有潜在价值创意的时间减少一半,也可以减少对创意的可行性作出决策的时间。其结果是公司每年可以将来自开放创新努力的2~3个主要创意融入新产品研发之中。这些开放创新技术的另一个好处是可以使参与者在这些努力中产生品牌认同感,以及在其创意被采纳后的自豪感。

2.供应链管理

制造商特别是那些生产快速消费品的企业在改进需求预测和供应链计划方面存在巨大的机会。需求的多变性已成为制造商的一个关键课题。它们的零售客户一直在大力推动改革以增加供应商的灵活性和响应性,满足消费者偏好的多样性和易变性。

制造商可以通过改进对自身数据的运用来改进需求预测和供应链计划,但更大的价值将来自其对外部数据源的整合,包括来自零售商的数据,如促销数据(包括品类、价格、销售额)、推展数据(包括上架/下架的具体品类,加速/减速计划)以及库存数据(包括每个仓库的库存水平、每个商店的销售额)。通过考虑贯穿价值链的数据(可以通过协同供应链管理和计划),制造商能够使波动的订单模式变得平滑、稳定。这样做的好处将贯穿整个价值链,帮助制造商更有效地使用资金和提供更高水平的服务。最佳实践的制造商也可以加快计划周期的频率,以实现与生产周期的同步。实际上,一些企业正在用接近实时的数据来调整生产,进行与零售商的协同,通过基于时间的折扣来调节各个商店的需求。

3.生产

大数据正通过将模拟技术运用于生产形成的大量数据,给生产流程带来额外的效率。物联网的不断普及,也使制造商可以运用来自传感器的实时数据来追踪零部件、监测设备和引导实际运作。

(1)数字化工厂。通过输入产品研发和历史生产数据(如订单数据),制造商能够运用先进的计算方法来构建整个生产流程的数字化模型。这样的数字化工厂——包括所有的机器设备和劳动力,可以用来设计和模拟对某一产品最高效的生产系统。领先的汽车制造商已经将这一技术用于优化新工厂的生产布局,该技术特别适用于存在诸如空间和设备等的约束时。例如,一家钢铁企业运用模拟技术对整个工厂的组成部分建立起模型,以快速测试其改进措施,使得其交货可行性提高了20~30个百分点。对汽车、航空航天、半导体等行业的案例分析表明,先进的模拟技术可以减少生产规划的变革次数以及工具设计与建造成本。采用这些技术设计出来的工厂,也实现了装配时间的减少、成本的节省以至交货可靠性的提高。

(2)传感器驱动的运作。物联网应用的兴起,使制造商可以借助来自供应链和生产流程的网络化传感器的实时、高度颗粒化的数据来优化运作。这些数据通过流程控制和优化来减少浪费,并使产出最大化,甚至可以实现制造创新。

运用传感器网络大数据的一个成功案例来自如炼油等过程制造行业。几十年来,石油工业一直使用大量的实时数据来开发更加难以开采的储油层。今天,这一行业已经将大数据的运用扩展到生产端——建设自动的、远程监控的油田。这种方法的好处是可以降低占总支出60%的运作和维护成本。在数字化油田,一个单一的系统采集来自油井监视器、地震传感器和卫星遥感系统的数据。数据被传输到大型数据中心,并中继到实时运作中心,用以监测和调整参数来优化生产,并使停产率最小化。经验表明,数字化油田可以降低成本10%~25%,提高产量5%以上。

4. 市场营销和售后服务

制造商使用来自客户交互的数据不仅可以改进营销和销售,而且有助于产品研发的决策。在产品中植入传感器,将产品实际使用情况和绩效传回企业,已越来越具有经济可行性。制造商现在可以实时输入正在形成的产品缺陷,以立刻调整生产流程。研发部门也可以共享这些数据,以重新设计和开发新产品。例如,许多建筑机械制造商已经在其产品中植入传感器,以提供大量有关产品利用率和使用模式的实时数据,使企业可以改进需求预测和未来产品研发。

与此同时,在企业营销、销售和售后服务活动中也存在利用大量数据的机会,包括通过客户细分和运用大数据分析技术以提高销售团队工作的有效性。越来越多的制造商借助植入在产品中的传感器来改进其提供的售后服务,例如,通过对植入复杂产品中的传感器传回的数据进行分析,飞机、电梯和数据中心服务器的制造商可以制订一揽子主动保养维护服务方案,维修技师可能会在客户还没有意识到某个零部件将会失效时就已经被派出。制造商已经能够将与客户的商业关系从卖产品转变为卖服务,如发动机制造商销售的是"按小时计算的动力"。

(三)大数据对制造商生产率和创新的改进潜力

对制造商来说,大数据带来的机会主要是通过改进效率和产品质量来提高生产率。效率的提高来自整个价值链,从消除产品研发周期中不必要的交互到优化装配流程,通过改进产品质量使产品更好地满足客户需求,产品的实际输出价值得到提高。

除了提高生产率,大数据也带来了制造商的创新服务,甚至形成新的商业模式。传感器数据已经使创新的售后服务成为可能。比如,宝马的 Connected Drive 能够基于实时交通信息为驾驶员提供导引,在传感器发现问题时自动呼叫帮助,根据实际车况提示驾驶员保养需要,并自动向维修中心传输数据。在微观层面上,跟踪产品使用的能力,使基于产品使用的服务而不是产品采购的定价模式成为可能。供应链成员之间交换数据的能力,使生产可以延伸到高度分散的网络。

(四)制造商运用大数据面临企业组织和文化的挑战

大数据在为制造商创造价值的时候,需要对贯穿供应链多个来源的数据实现接入和多样化的使用。因此,为了充分挖掘大数据在制造业中创造价值的潜力,需要制造商投资信息技术并改变组织架构。在投资方面,额外的信息技术投资需求有可能是巨大的。不过长期的回报会超过投入的成本。在组织架构方面,大数据的应用要求制造商的组织结构合理且能实现信息和数据共享。部门分割严重、拥有多个信息系统、不同部门之间数据分隔的企业,显然在大数据应用中处于劣势。比如,为了更好地实现信息和数据共享,企业需要在市场营销、产品研发和生产部门之间进行数据的交换。因此,为成功运用大数据,许多企业需要有坚强的领导和开放、包容的企业文化,以消除部门之间的隔阂。

二、运用大数据改进零售商供应链

多年以来,信息技术和数字化数据一直是零售商获取利润与整个零售业提高效率的主要途径。随着大数据时代的到来,零售商可以通过运用和发展大数据技术来进一步改进生产率与利润率。

(一)大数据给零售商带来的挑战与机会

大数据技术的发展给零售商带来了相应的挑战,其中最为突出的便是降价的压力。因为消费者可以借助这些新技术实时获得报价、促销和产品信息,网络与移动技术的广泛采用,大大提高了价格透明度,给消费者带来价值,进而使单纯依靠价格竞争的零售商失去利润空间。显然,消费者越容易进行零售商之间的价格比较,零售价格就会越低。

同时,大数据的应用也给零售商带来了机会,它使得零售商可以更深入地挖掘消费数据,以帮助其更好地管理供应链,并作出正确的商品和定价决策。越来越多的零售商更加善于深入分析大数据,这些数据来源于多个销售渠道、商店和在线交互。对越发颗粒化的客户数据的广泛应用,使零售商可以改进其市场营销和产品销售的有效性。大数据方法运用于企业运作与供应链管理,将继续降低零售商的成本,并为其提高销售额创造新的竞争优势。

(二)大数据是零售商供应链改进的主要途径

根据相关研究,有多个大数据方法可以用于零售商的价值链,并可分为营销部门、商品部门、运营部门、供应链部门和创新商业模式五个方面。

1. 营销部门

(1)开展交叉销售。交叉销售即借助客户关系管理发现客户的多种需求,然后通过满足其需求而销售多种相关产品或服务的营销方式。利用大数据,交叉销售可以使用所有能够获得的客户数据,包括客户的人口统计特征、购买历史、偏好、实时位置及其他数据,来提高客户的平均购买规模。另外,运用这一方法还能优化门店促销的商品搭配。

(2)定点营销。定点营销主要通过智能手机和其他个人定位移动装置,向靠近或进入商店的消费者进行定向营销。例如,如今,大部分智能手机用户使用其手机进行移动购物,当消费者进入一家服装店时,商店可以向其智能手机上发送一款毛衣的特价信息。

(3)在店行为分析。在店行为分析可以改进商店的布局、商品的构成以及货架的摆放,可以使零售商追踪客户的购买模式(如在商店的足迹以及在每一部分所花的时间等),使用智能手机应用系统获取实时数据,或监测手机在一个零售环境中的位置。一些零售商采用先进的图像分析软件,通过与监控摄像头连接在一起,来追踪在店交易模式和消费者行为。

(4)客户细分。客户细分是零售商常用的方法,近年来大数据给其带来了极大的创新。可供细分的数据量急剧膨胀,日益先进的分析工具使细分变得越来越精细,一些零售商甚至已经可以实现个性化,而不只是简单的细分。除了传统的市场分析数据和历史采购数据外,零售商现在可以追踪和利用各个消费者的行为数据,包括网络上的点击数据。零售商现在可以近乎实时地升级这些日益精细的数据,以根据客户改变作出调整。

(5)观点分析。观点分析是利用消费者在各种形式的社交媒体上产生的大量数据,来帮助进行各种商业决策。例如,零售商可以通过观点分析来估测营销活动的实时反应,以便作出相应的调整。社交媒体这一新兴领域在数据分析中正发挥关键作用,因为消费者越来越依靠评价和推荐来作出采购决策。新近已出现了不少工具,用于实时监测和响应基于网络的消费者行为与选择。

(6)获取多渠道消费者经验。获取多渠道消费者经验已成为提高销售额、客户满意度和忠诚度的重要手段。零售商可以运用大数据实现促销、定价和购买者的无缝连接,无论这些消费者是来自网络、商店还是目录销售。例如,某公司已经将大约几千万户家庭的信息集成在客户数据库中,追踪他们的如收入、住房价值以及子女数量等信息。基于这些信息的有目标的电子邮件,比没有目标的电子邮件可以获得10~18倍的响应率。公司还可以根据不同客户群的行为和偏好制作不同版本的产品目录。

2. **商品部门**

(1)商品品种优化。商品品种优化,是指根据当地的人口统计、购买预期和其他大数据,来决定什么商品放在什么商店。这一大数据方法的确能使销售额得到实质性提高。例如,一家领先的药品零售商运用消费者研究、市场与竞争分析以及经济学模型来识别每一项商品销售增长缓慢和迅速的原因,致使总体最小存货单位(Stock Keeping Unit,SKU)数目减少了17%,提高了2%的销售额,增加了3%的利润。

(2)价格优化。今天的零售商可以发挥日益增长的价格与销售数量的优势,运用更强大的分析工具,将价格优化提升到一个新的水平。一系列的数据来源,可以用于评估和支持几近实时的价格决策。复杂的需求弹性模型,可以通过检查历史销售数据,来形成对SKU级的定价的洞察,包括大减价及时间安排。零售商可以使用这些结果数据来分析促销事件,评估销售额上升的来源以及相关的成本。一家商品零售商检查其客户对不同产品的弹性。比如,农村地区的食品消费者将食用油和大米设定为更高的购买优先级,因而这些产品的价格或许比其对于城市购买者有更少的弹性。同样地,城市消费者往往将日用品或零食放在更高的购买优先级上。

(3)位置与设计优化。传统零售商可以通过挖掘SKU级的销售数据来优化产品摆放位置和视觉设计,如根据客户的足迹数据来确定货架摆放。网上零售商则可以根据网页交互数据,如客户的浏览时长、单击次数和鼠标指针悬停位置,来优化网页的设置。比如,eBay已经对其网页不同方面进行数千次的试验,以优化其网页布局和各种特征设计。

3.运营部门

(1)绩效透明化。零售商现在已经可以对其绩效进行日常分析,包括每个商店的销售额、每个SKU的销售额以及每个员工的销售额等。大数据时代,这些系统正变得更近于实时。零售商可以看到每小时收银员的交易数与正确率,并根据客服人员解决的客户问题数的百分比、客户投诉以及满意度调查等,来观察客户服务质量。尽管零售业一直在基础层面上广泛使用绩效报告,但发展的趋势是通过更频繁、更实时、更精细的报告来管理,以更加及时地对运营进行具体的调整。

(2) 用工优化。大数据在维持服务水平的同时减少成本的运用方法是优化用工人数、自动追踪时间与出勤以及用工安排。这一方法可以生成更准确的用工需求预测，特别是服务高峰期的预测，以避免服务能力不足。由于门店人工成本大约占零售商固定成本的30%，这一方法很有价值。

4. 供应链部门

(1) 库存管理。依托先进分析技术挖掘多个数据源所提供的额外信息，大数据能够持续地改进零售商的库存管理。最佳实践的库存管理能够提供SKU级的完全透明，同时条码系统自动连接补货流程，以减少缺货的发生。领先的零售商正通过将多个数据源如销售历史、气象预报和季节性销售周期等结合在一起，以改进库存预测。同时，改进的库存管理使零售商降低库存，因为供应与需求信息能够更紧密地匹配，同时可以减少因为缺货导致的销售损失。

(2) 物流配送优化。领先的零售商也会运用基于GPS的大数据车载系统（如远程位置报告等）来优化运输组织和线路，以改进车队和配送管理。零售商可以通过优化燃油效率、保养维护、驾驶员行为和车辆路径来改进生产率。

(3) 支持与供应商谈判。在大数据时代，零售商可以通过分析客户偏好和购买行为来支持与供应商谈判。比如，可以使用价格和交易数据来关注在关键产品上的谈判。在这一领域有巨大的机会，因为销售成本构成零售商成本的最大部分。当然，供应商也会认识到理解客户偏好的重要性，并会主动接入和分析消费者行为的数据，以增强其在与零售商谈判中的洞察力。

5. 创新商业模式

科学技术的更新、零售业的发展、消费者意识的变化等都引起了商业模式的创新。这些模式是最具创新性的，但也是对传统零售商最具威胁的。在此简要介绍两种商业模式——比价服务和网络销售。

(1) 比价服务。今天，由第三方提供实时或接近实时的多个零售商的产品比价或相关价格透明度已很普遍。消费者可以不断地在多个零售商间比较某一相同产品的价格，这种比较通常会导致价格下降。研究表明，消费者在采用这一服务采购时，平均能节省10%的支出。零售商需要仔细思考怎样响应这样的比价服务。在价格竞争中缺少优势的零售商，需要决定怎样在价格透明的世界里，与竞争对手区分开来,是购物体验的质量、与众不同的产品,还是提供其他增值服务。

(2)网络销售。基于网络的市场,如淘宝和京东,可以向消费者提供可以搜索的产品清单。在网络销售模式下,除了能为消费者带来更加透明的价格外,还能为大量专注某一独特市场而又缺少营销或销售能力的零售商带来更多接触消费者的机会,进而为买卖双方营造更多的交易机会。

(三)大数据可以提供更高的利润率和生产率

据研究,大数据的应用对零售业的利润率和生产率都有潜在的影响。具体影响程度主要取决于零售商为克服一系列障碍所采取的措施,包括与技术、人才和文化相关的障碍,以及诸如消费者是否愿意其行为数据被挖掘、供应商是否在谈判中也利用一些相同的方法等外部因素。

尽管单个企业可以运用大数据技术来增加产品销售和运营利润,但这些收益大都是在行业内转换价值,而不是提升整体规模。那些对大数据技术运用得相对较好的企业,将会从那些运用得不够好的企业手中赢得收益。而真正的获益者是消费者,他们可以得到更加切合自己需求的产品。

大数据技术也可以有效提高零售业的生产率。大数据的应用可以降低企业的运营成本和供应链成本。这还没有考虑运用大数据会提升消费者的购买热情。比如,即使消费者不增加总体花费,许多营销和商品部门的大数据技术也能改善他们的购物体验。消费者会找到更满足其需求的产品(如选择运用大数据精准寻找产品),或者花更少的时间以合适的价格找到产品(如在逛商店前已得到库存可得性的信息,或已使用比价服务)。这些都会增加零售行业的实际附加值。

总之,使用大数据会持续改变零售业的面貌。亚马逊、eBay、淘宝、京东和拼多多等电商正在重新定义零售的含义。消费者不再只是从商家的销售团队或广告中获取产品与服务信息,还可以从其他购买者的评价中得到信息,并从更广泛的网络市场找到其所需的产品与服务。亚马逊还申请了一项名为"预测性物流"的专利,这项专利可以让亚马逊根据海量的用户数据去预判用户的购买行为,提前将这些产品运出仓库,放到托运中心寄存,等用户真的下单了,立即装车往用户家里送,从而大幅缩减产品到达时间。

(四)零售商和政府部门需要克服充分获取大数据改进机会的障碍

如果零售商要实现运用大数据带来的潜在价值,企业和政府部门就必须克服一系列重要障碍。政府部门需要采取措施规范零售行业对消费者信息的使用,以及由此引起的隐私和安全问题。可以肯定的是,消费者对使用其个人信息,特别是个人位置数据和其使用互联网产生的电子数据的态度正在迅速变化。

对零售商自身来说,其管理层也必须管理和克服挖掘大数据潜力所带来的障碍。其中主要障碍有以下几项。

一是企业和员工的心态。许多人仍然视互联网技术为后台功能,因而将其作为大型成本中心而不是业务增长的引擎。相反,在运用大数据方面领先的企业理解其互联网技术工程是竞争优势的关键来源。这些企业必须确保其业务和互联网技术部门紧密协同,以便将大数据运用专注于改进效率和创造价值机会。企业与员工也应该主动寻求和改进基于大数据的创新,以赢得持续的竞争优势。

二是企业的传统IT系统。这些系统有许多是几十年前安装的,远在大数据产生和应用时代之前。这些传统系统通常包括多个形成不相容和不同格式的信息孤岛,因而不能够集成、接入和分析。试图升级和集成这些系统非常困难,甚至比重新建设新系统还要复杂。当然,新建基于大数据的系统也面临巨大的挑战。比如,在实际应用中,采用RFID系统的预期规模与实际应用会有较大差距。从理论上讲,RFID系统可以提供供应链数据来源,以便运用大数据分析技术获取信息。但在应用早期,RFID阅读的可靠性可能会低于预期,需要人工来纠正阅读差错。这将严重影响生产率,导致RFID系统的应用减缓,对其标签的需求量下降。而由于没有规模经济性,又会导致应用RFID系统的成本降不下来,从而延缓了RFID系统的应用,进而对基于RFID系统的大数据技术的运用进程产生了负面影响。

三是寻找并运用大数据相关人才。一方面,掌握大数据分析技术的高质量人才非常稀缺;另一方面,这些人才又散落在企业的不同部门,不能得到高效的管理。同时,这些技术人员也很少有机会参与企业的战略决策,因而对特别具体的技术问题之外的影响力很小。具有远见和智慧的零售商会招揽更多的大数据人才，并使其参与企业的战略决策和计划，从而可以比其竞争对手更加充分发掘大数据的价值。

三、运用大数据改进供应链物流服务

（一）大数据给第三方物流角色带来的变化

大数据给企业和第三方物流都带来关键的改进机会。大数据是EDI和互联网技术的跨越式发展，其特点是贯穿供应链的数据爆炸式增长，主要表现在以下五个方面。

（1）多样性（Variety）：大数据的数据类型非常复杂，包括结构化数据、非结构化数据和半结构化数据，涵盖了语音、图像、视频等不同类型的数据。

（2）频率（Frequency）：进入大数据时代，数据更新、变化的频率更加快了。过去，结构化的数据可能是一个月甚至一两年才更新一次，但现在可能以秒计，因此对大数据的管理要求也比以往更高。

（3）宽度（Breadth）：单个记录包含更具体的信息点。

（4）可接入性（Accessibility）：数据更加标准化，更容易被交易伙伴接入。

（5）准确性（Accuracy）：一次输入、多次共享，提高了数据的质量和真实性。

（二）大数据驱动供应链物流服务升级

在实践中，大数据驱动供应链物流服务升级主要体现在以下四点。

1. 质量升级

在大数据技术下，企业数据来源更加广泛，企业数据的准确性也更高，数据共享更为开放化，供应链上下游企业之间对数据的利用程度也更高。对于供应链核心企业而言，通过利用大数据技术，对供应链和物流运作中产生的庞大数据，根据需要进行筛选，可以提高管理决策的科学性和合理性，利用大数据开展的分析更加有效和准确，同时，能够更好地找出影响服务升级的要素，并进行不断改善，由此驱动供应链物流服务质量的升级。

2. 效率升级

在大数据驱动下，企业处理数据的速度得到明显提高。在应用大数据技术后，能够帮助企业快速进行路线的选择，补货、发货的速度和客户服务响应率明显提高；利用相关技术对数据进行细致分析，能够在第一时间分析出影响因素，为企业管理决策的制定提供科学的依据，提高了决策的效率，最终驱动供应链物流服务效率的升级。

3. 功能升级

在大数据分析的过程中，利用大数据的挖掘技术，不仅能够实现对数据的预处理，还可以对其开展更加具体、深入和有针对性的分析。如在对营销数据进行挖掘的基础上，能够支持开展各类定制化的服务，为客户提供个性化的服务。通过利用大数据挖掘技术来分析配送数据，从而选择最佳的配送路线和配送资源，最大化地满足客户需求，为客户提供相应的增值服务，对供应链物流服务链条的延伸起到积极的作用，由此实现服务功能的升级。

4. 模式升级

在大数据的支持下，企业各项能力得到加强，有效地促进了企业的转型升级。与此同时，利用大数据技术，不断整合供应链上下游企业数据，从而为核心企业建立数据服务平台提供坚实的数据基础，服务模式从业务盈利模式向平台盈利模式转型，实现企业服务模式的升级。

在新的时期，物流发展的宗旨即以客户为核心，企业想要在激烈的市场竞争中获得优势，就必须以客户为中心，提升服务水平和技术。大数据及其相关技术的应用，为供应链物流服务升级提供技术支撑，物流企业在数字化转型的过程中需结合自身实际，合理应用大数据驱动力，实现企业供应链物流服务的升级。

（三）大数据与供应链物流服务模式创新

随着大数据时代的来临，大数据分析、云计算、物联网等在企业和第三方物流中的应用越来越普及，促使供应链物流服务模式产生颠覆性创新，一些全新的服务模式正在兴起。

1. 实时服务

实时服务可以对变化的状况作出灵活和高效的调整，并通过将实时信息整合进智能和交互分析框架以实现供应链的优化。这一服务可以将贯穿整个供应链的可视化和透明度提高到一个新的水平，也能够带来额外的业务能力、提高运作效率，并通过对客户的个性化需求提供有效的支持来增加对客户的亲和力。

实时服务提供以秒为周期的数据，这些数据能够被接受、分析并整合进随时随地的运作活动之中。

（1）实时追踪服务。通过随时随地对发货或智能包装的数据传输（追踪事件），提供有关位置、状况（如温度、湿度）和完整性（如带有灵活接入授权的电子铅封）的信息。

（2）实时风险管理。在运输中产品的状况或完整性发生变化时提供实时信息，可以使客户能够对供应链风险（如产品召回、温度控制、电子铅封）立刻作出干预。

（3）实时动态路径选择服务。这一服务追踪车辆的活动和位置，有可能将路径选择解决方案从预先计划的循环取货方式改变为灵活的取货和送货方式。

（4）实时库存服务。这一服务将改变之前不同渠道库存的不相干性，借助大数据技术，实现对零售商运作的每个渠道的库存可视化。

（5）实时追踪智能物流目标服务。该服务能为客户提供控制和运作全部物流系统，并实现与视频、3D扫描、RFID传感器等各种技术相结合的复杂的解决方案。

实时服务使物流服务商通过更快地处理实时数据来提高效率，提升客户服务水平并产生增值服务，同时能够控制和减少资产占用与货物偷盗等损失，改进可视化和安全功能。另外，实时服务使客户能够随时掌握货物的位置和配送状态信息，从而使整个供应链更具透明度、灵活性，并能进行个性化解决方案（如灵活的最后一公里配送方案选择）的快速配置。

实时服务需要借助大数据技术来获取、组织、整合和分析不同来源的数据，以适应在数据的速度、多样性和规模方面的挑战。通过物联网产生的地理位置信息，促使供应链可视化由近乎实时向实时转变。显然，现有的信息系统和解决方案无法满足这样的要求,因而需要对端到端的供应链进行更多的投入。

2. 众物流

众物流是社交网络为物流提供商带来的新的商业机会,包括众包最初一公里和最后一公里的活动。它使用移动终端来进行灵活的运输路径重新选择,也可以通过社交网络的数据挖掘来形成新的产品或服务,这些对物流服务的成本、灵活性和全流程的碳排放都有显著的影响。

新的共享、物物交换和私人商品推销文化,使得本地、区域和全国层面消费者之间的交易活动增加,物流企业需要通过将灵活的、便捷的最初一公里与最后一公里服务有效地融入消费者日常生活之中来支持这些活动。

(1)众包。据统计,目前有大约70%的可用运输能力没有得到利用。让更多的主体介入取货和送货流程,不仅可以显著降低运输成本,而且通过运输量的在途整合,可以大大减少碳排放。

(2)众导航。利用移动终端与能提供实时信息的社交网络,往往能够对道路事故、交通阻塞和其他显著事件,做出比传统的导航和车载系统更快的反应。

(3)众挖掘。众挖掘是指通过社交网络对有关企业、品牌和产品的评论进行常规检测,同时利用微博、微信等社交平台来更新特别服务、折扣、季节性优惠等,并对消费者投诉和反馈作出实时响应,以及检查客户在移动终端上反映的事件并实时作出响应等。

众物流有利于物流服务商提高运输能力利用率以及降低运输成本,也给提供众物流解决方案的企业带来新的商业机会;同时,可以帮助客户降低运输成本,获得灵活的配送服务选择,并可以更方便地进行物物交换。当然,需要考虑到客户介入取货和配送流程的法律和服务一致性制约。

3. 超级网络物流

(1)超级网络物流的作用。超级网络物流(Supergrid Logistics)将带动新一代物流企业的形成,主要专注于协同连接生产企业和物流提供商的全球供应链网络。许多企业将会从新的商业机会中获取利润,包括第四方物流提供商、复杂或特别服务提供商,以及本地的小型物流提供商。

基于模块化的、灵活的、可配置的物流服务,超级网络物流将面向服务的物流（Service-oriented Logistics）概念引入新一代商业模式，给整个物流市场带来变革。

第一，超级网络驱动新的市场细分。物流提供商市场将细分出新的行当，如服务专家、用户配置商、复杂物流解决方案的协同商以及服务商城运营商等。全球性物流商将主要专注于跨境整合、额外付费服务以及协同区域与本地服务提供商（竞合者），以形成全球超级网络。物流商城将提高市场透明度，使小型本地公司可以进入全球市场。

第二，超级网络带来了更广泛的合作，也增加了企业价值。超级网络下的物流服务不仅提供给客户，也会提供给服务伙伴甚至竞争对手。合作也将影响企业基础设施开发、支撑能力提升和资源利用（如共享车队），以确保运行通畅、成本降低、能源节省和更具可持续性。合作也会通过支持基础设施（如铁路、桥梁和交通枢纽）的投入，推动经济的增长，增加企业的价值。

第三，超级网络为全球性物流商带来新的商业机会。超级网络不仅为物流企业创造了参与全球市场的机会，也减少了基础设施和服务开发成本，实现了产生价值的快捷性、服务的可扩展性和基础设施的弹性。对接受服务的客户来说，可以得到更加灵活、迅速和低成本的个性化解决方案与远景配置。

（2）从物流即服务到超级网络。随着时间的推移，物流服务商经历从物流即服务到超级网络的演变。这个演变增加了服务的复杂性，也给物流服务商及其客户带来了益处。

给物流服务商带来的益处主要有以下几个方面。

第一，商品化服务将会被可重复使用的云服务替代，这将降低开发成本，提高服务的可扩展性和灵活性。

第二，把超级网络采购盈利性差的物流服务作为其复杂供应链的一部分，将降低成本，并使得专注于供应链协同和复杂性管理的轻资产甚至零资产物流企业出现。

第三，与本地相关的物流服务可以在全球物流网络上发布，使小型物流企业介入全球市场与超级网络的机会增加。

第四，发布和推销用于内部的、最佳实践的、复杂的、高价值的服务将给物流企业带来额外的利润,并使其有机会成为主导市场的服务专家。

给接受物流服务的客户带来的益处主要有以下两个方面。

第一,超级网络中的客户可以构建自己的"按需供应链",独立于任何合同物流商。

第二,受益于全球超级网络物流商的能力提升,这样的服务商可以设计和管理客户的整个价值链,动态地整合和协同物流与非物流服务。

(3)案例分析:菜鸟网络科技有限公司(以下简称菜鸟网络)。成立于2013年的菜鸟网络,是超级网络物流的商业模式在电子商务物流领域的成功运用。菜鸟网络孵化于阿里巴巴全球最大的电子商务生态系统,构建起一张全球智慧物流网络,旨在通过联盟的方式整合社会资源,形成向所有制造商、电商、物流公司完全开放的社会化物流平台。

菜鸟网络通过自建、共建、合作、改造等多种模式,逐步构建一个快速通达全国、连接世界的实体物流网络。其中最关键的是在主要物流节点设立区域分仓,并通过网络平台将各地分仓连通起来,实现网络化集中管控。菜鸟网络主要掌控仓库这一核心资源,具体的仓储、运输、配送则由邮政、顺丰、"三通一达"等快递、物流企业完成。

菜鸟网络不是单纯地建立物流系统,而是要构建为电子商务管理复杂供应链的物流服务体系。因此,需要有基于对前端大数据深度挖掘的信息管理与供应链协同平台的强力支撑,主要包括以下四个功能。

第一,需求预测。通过大数据分析,对不同时期、不同地域的客户订单的数量、配送要求等需求进行预测,从而指导电商和快递、物流企业提前做好资源准备。

第二,库存管理。通过大数据分析,对电商在不同分仓的库存配置、订单履行分仓的确定以及总分仓和分仓之间的库存调拨等进行管理,以提高订单履行满足率、降低总体库存水平。

第三,运作协同。实现供应链上所有合作伙伴的信息系统对接与运作协同,从而确保在客户订单的驱动下,各相关物流环节的不同服务商能够按照同一标准的操作流程和服务质量同步运作。

第四，供应链可视化。通过物流数据雷达对物流运作进行全程监控，以帮助商家和快递、物流企业对订单状态实施管理，并作出优化和干预决策。

以菜鸟网络与日日顺物流的合作为例，通过菜鸟网络的全国智能分仓，菜鸟的大数据和算法能力真正做到"单未下，货先行"，让货物直接放到离消费者最近的仓库，并通过日日顺物流提供覆盖全国2800多个区县的"预约送达，送装一体"的家电智能配送服务。

第四节 供应链协同平台的构建

一、全球化供应链管理面临的挑战

经济全球化促进了全球化供应链的诞生，全球化供应链将企业的运作系统延伸至整个世界范围，企业需要在世界各地选取最有竞争力的合作伙伴，从而提高供应链的整体竞争实力。无论是欧美发达国家，还是南美、非洲、中东、亚洲等地区的新兴经济体，都受到了全球化供应链的影响。

在全球化供应链管理的背景下，企业需要全面、迅速、准确地了解世界各地消费者需求，并对自身经营活动进行计划、协调、操作、控制和优化，才能满足全球化供应链对其协同管理上的需要。

因此，全球化供应链必须具有将分布于全球各地的企业运营流程整合起来的能力，包括采购原料和零部件、提高最终产品的可获性、实现产品增值、实现最后一公里的配送，并能够使各个企业信息充分与透明地共享。可想而知，在庞大的全球化供应链系统中，要想发挥其最大的资源整合效率，就必须依赖于有效的供应链协同平台。只有通过现代网络信息技术支撑，实现供应链的一体化和快速反应，达到商流、物流、资金流和信息流的协调通畅、协同运作的目的，才能不断满足日益增长和多变的全球消费者的需求。

二、供应链协同运作的基础

供应链协同的关键在于信息共享,而信息共享的基础又在于高效的协同平台的建立。适应全球化供应链运作管理的基本前提之一是各类信息需要在不同企业之间,甚至是不同国家之间进行交流。对于供应链各个成员企业来说,提高信息共享程度具有诸多益处,如可以提高合作伙伴之间的沟通效率,缓解供应链的牛鞭效应,协调各企业间的目标冲突,帮助企业实现精确管理,降低经营成本和提高资源利用率,等等。由此可见,供应链成员之间进行信息共享必须借助于一定的协同平台。供应链伙伴企业之间通过建立和完善企业信息系统平台,协调供应链企业间的信息系统的接口,从而实现信息快速、准确、高效的传递。建立以供应链核心企业为中心的信息共享平台,由核心企业控制信息的流量,保证信息流能够顺畅、快捷地流通。

然而,实现供应链信息共享并不是一件容易的事情,往往会遇到无法估计的困难,因为在实现信息共享的过程中,企业要面临很多挑战。例如,信息共享需要较大的初期投入,造成成本上升;供应链企业之间还可能存在缺乏信任、利益分配不均衡、信息安全隐患和信息不对称等问题。因此,必须做好充分的思想准备和管理准备,克服各种困难,搭好供应链信息共享的协同平台。

三、供应链协同运作的保障

从本质上讲,供应链协同可以分为组织层、业务层和信息层三个层次。组织层面的协同,应使供应链中的合作伙伴更为明确各自的分工和责任,亦即"合作—整合"。业务流程层面的协同,即在供应链层次打破企业界限,围绕满足最终客户的需求进行流程的整合、重组和优化。信息层面的协同,通过互联网技术实现供应链合作伙伴之间的信息系统的集成,实现各个企业的运营数据、市场数据的实时获取、共享和交流,使得合作伙伴间能够更快、更好地协同响应最终客户各种各样的需求。

从供应链协同的三个层次可以看出:供应链协同平台是进行供应链协同的基础保障。供应链协同平台通过对供应链合作伙伴的明确化和标准化,使它们的分工和责任更加明确。供应链协同平台的建立需要对供应链中的各种流程进行简化和重组，必须打破企业之间的界限。至于信息层面，供应链协同平台本身就是信息的集成化。总的来说，供应链协同平台是进行供应链协同的重要保障，它为供应链的协同提供了可行性和可操作性。

第五节　供应链产品质量风险管理

如今，市场竞争日益加剧，为了迎合多样化和个性化的需求并快速抢占市场份额，企业不断加快产品的推陈出新。为了构建竞争优势，越来越多的企业将非核心业务外包，以供应链管理模式从事生产经营活动。产品上市时间的缩短、生产工艺复杂度的提升以及供应链多主体、跨地域、多环节的特征无疑加剧了企业产品质量控制与管理的难度。而随着我国产品质量法律法规制度的进一步完善、消费者维权意识的进一步加强、国外产品质量监管的进一步严格化，制造企业面对的产品责任正逐步加重。事实上，通过近年来发生的多起召回事件可以看出，产品质量问题引发的社会影响及经济损失日益凸显。在这样的背景下，加强企业质量风险管理显得尤为重要。

实践中，管理供应链产品质量风险的策略包括事前防控、事中控制和事后弥补三种。例如，在产品生产前对零部件进行检测，避免缺陷零部件进入市场，从而抑制质量风险事件的发生，达到风险防控的目的。当产品售后发生外部故障时，利用商业保险弥补由此产生的经济损失，也可达到风险控制的目的。那么，企业在生产运营中应以哪种策略进行事中控制，来规避潜在的产品质量风险，则需要根据自身的风险规避程度以及每种策略成本与收益的权衡来抉择。

基于产品质量风险管理理论、金融工具在供应链风险管理中的应用研究及风险偏好理论，通过数理模型的构建及优化求解，研究风险规避制造商供应链产品质量风险管理策略的选择与制定，可以得到以下管理启示。

（1）供应商的风险规避程度是影响企业面对的产品质量风险的重要因素。

这是因为，采购价格是由质量成本加成和供应商承担的期望经济损失的加成构成的。随着供应商风险规避程度的上升，质量成本加成比例和供应商期望经济损失加成比例不断提高。也就是说，供应商的风险规避程度越高，企业为购买供应商在未来所履行的赔偿责任必须付出更高的成本。因此，企业面对的产品质量风险随着供应商风险规避程度的上升而不断加剧。

（2）入厂检测策略。通过降低缺陷产品进入市场的概率，缓解企业期望利润的波动。对于风险规避程度较高的企业而言，潜在的经济损失是阻碍企业从事生产经营活动的关键因素。由于入厂检测既不能完全消除缺陷产品又不能降低质量缺陷造成的经济损失，当企业风险规避程度较高时，利用入厂检测策略管理供应链产品质量风险是无效的。随着企业风险规避程度的下降，企业更关注如何获得更高的期望利润。这时，利用入厂检测策略可降低期望经济损失，提高企业的期望利润，入厂检测策略逐渐成为管理产品质量风险的有效策略。特别是，入厂检测策略可帮助风险规避程度位于中间区域的企业顺利进入市场参与交易，帮助风险规避程度较低的企业改善条件风险价值和期望利润。当企业面对同样采取风险规避策略的供应商时，利用入厂检测策略，可从两个方面帮助企业降低产品质量风险：一是降低供应商的期望经济损失的加成，帮助企业以低采购价格激励供应商参与交易；二是降低风险事件的发生概率，进而降低企业承担的期望经济损失。

（3）商业保险策略。通过弥补产品质量风险事件造成的经济损失缓解企业利润的下方波动。对于风险规避程度较高的企业而言，只要保险的安全因子足够低，在商业保险策略的帮助下，企业可顺利进入市场参与交易。但是，在这种情况下，商业保险的避险价值随着外部故障成本的上升而下降。当企业风险规避程度逐渐下降时，期望利润逐渐成为企业追逐的目标。这时，如果保险的安全因子较低，利用商业保险策略，企业可提高条件风险价值。在这种情况下，商业保险的避险价值会随着外部故障成本的上升而上升。当企业面对风险规避的供应商时，商业保险策略可降低供应商的质量成本及期望经济损失的加成，帮助企业以较低采购价格激励供应商参与交易。

（4）实践中，较大规模的产品质量缺陷往往会引起政府或媒体的介入，企业品牌形象重塑成本将发生跳跃式上升。这时，企业可以先为政府或媒体介入引发的经济损失进行投保。如果保险的安全因子足够低，企业可提高投保额，增加投保小规模产品质量缺陷下的经济损失。此外，需要指出的是，随着产品质量的提升，企业更应购买商业保险并选择具有更高投保额度的保险策略。这是因为，产品质量的提升，降低了产品质量风险事件发生的概率。这将大幅降低商业保险的期望索赔额，从而降低保险的购买成本，使企业能够负担得起具有更高投保额度的商业保险策略。

（5）商业保险策略与入厂检测策略在管理供应链产品质量风险时并不总是替代关系，在一定条件下，两种策略具有互补性。特别是，当安全因子较高时，风险规避程度较高的企业应以联合策略管理供应链产品质量风险。这是因为，在联合策略下，入厂检测的主要作用是降低产品发生外部故障的概率以降低商业保险的期望索赔额。这在一定程度上抵消了安全因子上升带来的商业保险购买成本的上升。可见，在这种情况下，联合策略比单一商业策略更具成本优势，在联合策略帮助下，将有更多的风险规避程度较高的企业能够进入市场参与交易。此外，需要指出的是，尽管联合策略在一定条件下优于单一入厂检测策略，然而，由于商业保险购买成本的存在，企业在联合策略下的期望利润一定低于其在单一入厂检测策略下能够获得的期望利润。

当企业只能采取单一策略管理供应链产品质量风险时，随着外部故障成本的上升，企业更倾向于实施入厂检测策略。随着产品单位收益或供应商质量水平的上升，企业更倾向于实施商业保险策略。此外，相较于入厂检测策略，只要商业保险的安全因子足够低，商业保险策略不仅可以给风险规避程度位于中间区域的企业带来更高的条件风险价值，还可帮其获得更高的期望利润。如果入厂检测策略成为管理供应链产品质量风险的占优策略时，入厂检测策略带来的期望利润一定高于商业保险策略带来的期望利润。

（6）商业保险与入厂检测的实施不一定造成零部件质量水平的下降。当质量成本较低或供应商的风险规避程度较高时，入厂检测策略及商业保险策略与质量改进之间具有互补效应。当风险规避程度较低而质量成本较高时，入厂检测策略及商业保险策略与质量改进之间具有替代效应。这是因为，当质量成本较低时，由质量改进造成的零部件采购价格的上升幅度较小，制造商能够以比较低廉的采购价格控制供应商生产高质量的零部件。然而，当质量成本较高时，由质量改进造成的零部件采购价格的上升幅度较大。这时，相对于质量成本，商业保险或入厂检测策略更具成本优势。在这种情况下，利用商业保险或入厂检测策略替代质量改进管理产品质量风险更有效。

事实上，除了上述结论，商业保险的应用还有助于企业进行新产品的研发。为了应对激烈的市场竞争、满足多样化和个性化需求，企业必须不断加快产品推陈出新，提升产品技术复杂度。然而，新产品质量在上市初期往往是不稳定的，一旦研发的新品有质量缺陷，特别是设计缺陷，企业将面临巨额的赔偿和召回损失。面对市场先机与潜在的巨额经济损失，制造企业产品创新陷入两难的抉择。这时，金融机构提供的产品质量保险、产品保修保险等险种便可有效解决企业的后顾之忧，促进企业进行产品研发。此外，商业保险有利于社会福利的提高。当发生产品质量风险事件时，如果企业抗风险能力不足，可能会导致企业逃避社会责任，从而造成消费者利益的损失。然而，当企业对产品质量进行投保后，金融机构会对制造商进行担保与监督，这在一定程度上促使制造商积极应对产品质量风险事件，从而降低质量问题引发的社会福利损失。

参考文献

[1]陈静,魏航,谢磊. 供应链产品质量风险管理策略研究[M]. 上海:上海远东出版社,2018.

[2]邓华. 运营与供应链管理[M]. 北京:中国纺织出版社有限公司,2021.

[3]丁俊发. 供应链理论前沿[M]. 北京:中国铁道出版社,2017.

[4]杜文意,靳荣利. 供应链管理:理论、方法与实训[M]. 北京:机械工业出版社,2022.

[5]郭金森. 双渠道供应链运营决策研究[M]. 北京:中国经济出版社,2021.

[6]孔令华. 供应链管理高手之路[M]. 北京:中国经济出版社,2022.

[7]李志国. 博弈论与供应链管理[M]. 重庆:重庆大学出版社,2021.

[8]刘伟华,李波. 智慧供应链管理[M]. 北京:中国财富出版社有限公司,2022.

[9]缪兴锋,别文群. 数字供应链管理实务[M]. 北京:中国轻工业出版社,2021.

[10]潘林. 网络零售视角下现代供应链运营策略研究[M]. 北京:中国纺织出版社有限公司,2020.

[11]舒秘,孙润霞,邓莉. 供应链管理[M]. 哈尔滨:哈尔滨工程大学出版社,2020.

[12]田青. 物流与供应链管理研究[M]. 北京:中国原子能出版社,2020.

[13]王鹏．供应链管理[M]．2版．北京：北京理工大学出版社，2022．

[14]王燕凌，张劲珊，盛鑫．供应链管理实务[M]．长春：东北师范大学出版社，2019．

[15]吴志华．现代供应链管理——战略、策略与实施[M]．北京：企业管理出版社，2022．

[16]谢博．供应链运营中企业竞合策略：博弈论视角[M]．北京：中国经济出版社，2020．

[17]尤妙娜．供应链物流管理[M]．北京：企业管理出版社，2022．

[18]郁玉兵．供应链质量与绿色管理：关系资本视角[M]．杭州：浙江大学出版社，2020．

[19]张桂兰，赖爱英，李传民．供应链管理[M]．成都：电子科技大学出版社，2020．

[20]卓弘毅．供应链管理从入门到精通[M]．北京：中国铁道出版社，2022．